博物館的守望者

美 國 大 都 會 藝 術 博 物 館 與 我

ALL THE BEAUTY IN THE WORLD

THE METROPOLITAN MUSEUM OF ART AND ME

PATRICK BRINGLEY

派翠克・布林利　姚若潔 譯

獻給
受難者湯姆

目次

作者說明

文中提及的每件作品，都可以在第二八三頁之後找到背景資料，也包括館藏地點以及在家觀賞高解析度影像的資訊。

本書內容來自我身為博物館警衛十年間所發生的真實事件。為了讓場景盡可能完整呈現我的經驗，有時我會把發生在不同日子的事情放在一起。博物館中的人物已經隱去真實姓名。

博物館平面圖

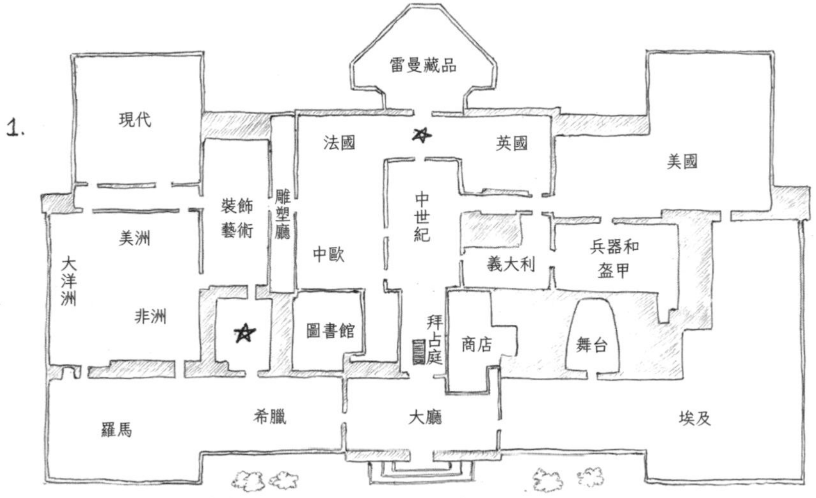
1.
雷曼藏品
現代
法國
英國
美國
裝飾藝術
雕塑廳
中世紀
美洲
大洋洲
非洲
中歐
義大利
兵器和盔甲
圖書館
拜占庭
商店
舞台
羅馬
希臘
大廳
埃及

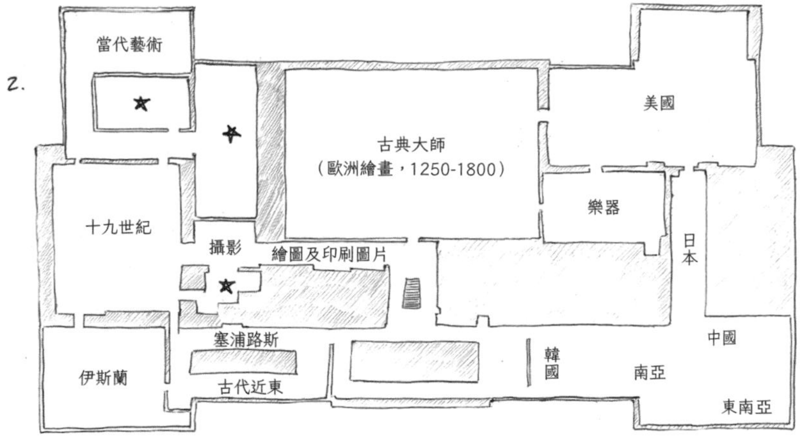
2.
當代藝術
美國
古典大師
（歐洲繪畫，1250-1800）
十九世紀
樂器
攝影
繪圖及印刷圖片
日本
塞浦路斯
伊斯蘭
古代近東
韓國
南亞
中國
東南亞

☆ 特展

1 大廳之梯

在美國大都會藝術博物館的地下樓，位於兵器和盔甲展區的下方、警衛調度辦公室外面，有許多用來裝藝術品的空箱子堆疊在一起。這些箱子形狀大小各異，有的又大又方正，有的像幅畫般又寬又薄，但全都氣勢迫人，由淺色原木結實打造，可以長途運送稀世珍寶甚至異國怪獸。穿上制服的第一天早上，我站在這些引人浪漫聯想的堅固箱子旁，猜想自己在這間博物館的角色將會是什麼模樣。此時我的注意力全被周遭環境占據，很難說有什麼明確的感覺。

一位女警衛過來與我會面，我的任務是跟著她走。她名叫阿妲，身材高挑，怒髮沖天，舉止有些突兀，外型和動作都像是被施了魔咒的掃把。她打招呼的腔調聽來陌生（芬蘭腔？），拍掉我深藍色制服肩上的頭皮屑，對不夠合身的制服皺了皺眉，揮手把我招進一條毫無裝飾的水泥走廊，那裡有個牌子警告：「藝術品優先通過」。一個聖杯乘著手推車滑行而過。我們登上一道破舊的樓梯來到二樓，經過一座馬達動力的剪叉式升降機（據說用來吊掛畫作和換燈泡），輪子旁塞著一份摺起來的《每日新聞報》、一個咖啡紙杯，還有一本頁緣捲起的赫曼．赫塞《流浪者之歌》。「真髒！」阿妲碎念。「私人物品放自己的置物櫃。」來到一扇沒有標示的金屬門，她推下按壓式門把走進去，瞬間眼前變成《綠野仙蹤》式的色彩，我們正面迎向艾爾．

葛雷柯（El Greco）夢幻般的風景畫〈托利多風景〉（View of Toledo）*1。沒時間驚嘆。我跟隨阿妲的腳步前進，畫作如翻書般一頁頁飛掠，各個世紀往前快轉或往後倒流，主題在神聖與褻瀆之間切換，西班牙變成法國變成荷蘭變成義大利。在拉斐爾將近兩公尺高的〈聖母子被聖者推崇登基〉（Madonna and Child Enthroned with Saints）*2之前，我們突然止住。

「這是我們的第一個崗位，C崗位。」阿妲宣布。「十點之前我們都站在這裡。然後我們站在那裡。十一點我們要站在那邊的A崗位。我們可以稍微走動一下，但這裡，朋友，是我們的位置。然後我們可以買杯咖啡。這裡應該是你的主要駐守區域，古典大師繪畫？」我說應該是。「那你運氣不錯。」她繼續說：「有一天你也會被派到不同區域——某天到古埃及，隔天再到傑克遜．波洛克（Jackson Pollock）——總之調度室在最開頭幾個月把你派到這裡，之後，喔，百分之六十的工作時間。當你在這裡時……」——她跺了兩下地板——「木頭地板，對腳很溫和。你可能不信，我的朋友，但相信我。在木頭地板站十二小時的日子，就像在大理石地板站八小時。在木頭地板站八小時的日子，咻一下子就過了。簡直來不及腳痛。」

我們應當是在文藝復興盛期展覽室。每面牆上都以細銅線懸掛著氣勢非凡的畫作。

展覽室本身也氣勢非凡，長寬約十二公尺和二十四公尺，並有三道雙扇門出口，各自開往不同方向。地板和阿姐說的一樣柔軟，天花板很高，除了天光還有燈光輔助，有規劃地往下指著各個方向。展覽室近中央處有一條長凳，上面躺著一張遭遺棄的中文地圖。長凳另一邊的牆上，有兩條線鬆垮地垂向牆面上一片空蕩得明顯的區域。

阿姐指出那片空蕩處：「你看那張簽名的紙條。」她說著，走向那唯一表明這裡並非恐怖犯罪現場的證據。「弗朗切斯科．格拉納奇（Francesco Granacci）先生本來吊在這裡，不過修復師把他帶去清洗了。他也可能曾經外借，在策展人辦公室接受檢查，或在攝影棚拍照，天曉得？不過總會有一張紙條讓你知道。」

我們沿著一條小腿肚高的彈性繩索踱步，與畫作保持約一公尺的距離，進入我們負責的下一間展覽室。這裡最有名的應是波提切利（Botticelli）。然後第三間較小的展

＊1

＊2

覽室由更多佛羅倫斯畫派的畫家占據。這裡到早上十點之前都是我們的領地，之後會移往下三間展覽室。「保護生命和財產——注意這個順位。」阿妲繼續，以一字一句的強調語氣開始幫我上課：「年輕人，這工作一點都不複雜，但我們也不能當個笨蛋。我們要一直睜大眼睛。我們眼觀四面。我們像稻草人一樣嚇阻侵擾。發生小事時，我們處理。發生大事時，我們通知指揮中心，並遵照你在課堂訓練時學過的程序來應變。我們不是警察，除非有笨蛋逼我們非當警察不可；還好這不常發生。現在是早上，有幾件事我們得先處理⋯⋯」

回到拉斐爾展覽室，阿妲踮起腳尖，把一支鑰匙插進鎖孔，打開一扇開向公共樓梯間的玻璃門。做完這件事後，她很自然地跨過一條彈性繩——看起來是驚人的越界行為——然後在一幅沉重的金色畫框下低下她的臀部。「燈。」她說著，指向踢腳板中的開關。「通常晚班的警衛——那是半夜的班——必須把燈打開，但萬一他們沒開的話⋯⋯」她一口氣壓下好幾個開關，然後我們就站在一條長長的黑暗隧道中，文藝復興畫作變成牆上的模糊銀光。她又把開關全都打開，伴隨著驚人的「喀鏘」巨響，展覽室裡充滿了燈光。

參觀者大約在九點三十五分開始陸續進入。我們的第一位參觀者，根據她腋下的速寫本判斷，是一名學生；當她發現現場只有自己一人時，還倒抽了一口氣。（或許她很正確地沒有把阿姐和我算入。）隨後是一個法國家庭，頭上全都戴著同款的紐約大都會隊棒球帽（他們很可能認為自己戴的是洋基隊的帽子，畢竟那才是觀光客的標準選擇），阿姐瞇起了眼睛。「我們絕大部分的訪客都是很可愛的。」她如此承認。

「但這些畫作既古老又脆弱，而人的愚蠢潛力無窮。你能想像嗎？昨天我在美國藝術展區值班，整天都有人想讓自己的小孩騎在那三座青銅熊身上！對於古典大師來說，情況好很多——當然不像亞洲藝術那樣安靜，但和十九世紀比起來真是簡單得多。你看到了嗎？那邊。」在另一邊，那位法國爸爸正把身體探過彈性繩，伸手為女兒指出某個拉斐爾式的細節。「先生！」阿姐用法文叫道，有點兒高過必要的音量：

「麻煩不要這麼靠近！」

過了一會兒，一位較年長的男士漫步進入展覽室，身上穿著熟悉的服裝。「噢，很好，是阿里先生，很棒的隊友！」阿姐如此描述這位警衛。

「啊，最優秀的阿姐！」他回應著，採用她的節奏。阿里先生自我介紹是我們組（B區第一組）的「換班者」，要把我們「推向」我們的B崗位。

阿妲熱烈地贊同。「阿里，你在第一排？」她問。

「第二排。」

「週日週一休假？」

「週五週六。」

「啊，所以你現在是加班……布林利先生，阿里先生今天早上比我們早一點開始，但他可以在五點半回家。他不像你我一樣耐操，不是第三排，不不；他必須回家，漂亮的嫂夫人在等他。布林利先生，你哪些日子上班？對，你說過了：週五、六、日、二，十二小時，十二小時，八小時，八小時。很好。以後長班的日子會覺得正常，正常日子會覺得短，然後你如果想超時，第三天都可以休假。好好待在第三排，布林利先生。再會，阿里先生。」

新崗位讓我們在歷史裡前後雙向行進，包含十三和十四世紀的義大利繪畫，還有一間相鄰的大型展覽室，裡面是法國大革命時期的畫作。我們前進時，阿妲偶爾會指出攝影機和警報器的位置，她接受這些東西的必要性，但認為它們地位較低。人類工作人員才得到她的敬重。她更熱衷於一一介紹各種配角，在她眼中他們的重要性幾乎與警衛相當：保管人，和我們屬於同一工會；護士，可以給你開止痛藥；電梯服務員，他是合約工，一個月只給自己休假一天；在博物館中一直都有兩位退休或前任消防員；索具裝配工，把沉重的藝術品搬來搬去；藝術品處理人員，或技工，他們的搬運手法較細緻；木工、油漆工和廠房工；工程師、電工、電燈工；還有很多比較少出現在別人眼前的人，像是策展人、修復師，還有執行展覽那類的人。

這些都十分有趣，但我無法不注意到我們談話的地方距離杜奇歐（Duccio）在西元一三〇〇年左右畫的〈聖母與聖嬰〉（Madonna and Child）*3不到半公尺。整個早上，我還沒有機會正眼看一幅畫，於是我想著是否有可能把阿妲的注意力引向這幅畫，提出這畫據說值四千五百萬美金。她為我竟說出這種庸俗的話而感到悲哀。她把我拉到一幅小巧的畫旁，一點都沒有壓低聲音地說道：「你看畫框底部這個顏色發黑的地方，這是還願蠟燭燻出來的。你說，這幅畫不是很美嗎？這些畫不都很美嗎？我試著提醒大家……小學生、觀光客……我提醒他們，這些都是大師。你和我，我們都和大師一起工作。杜奇歐、維梅爾（Vermeer）、維拉斯奎茲

*3

（Velázquez）、卡拉瓦喬（Caravaggio），誰能跟他們比？」她望向隔壁的美國藝術展區。「喬治・華盛頓（George Washington）的畫？拜託。別開玩笑。」

阿里先生走過來，從展覽室的另一邊用雙臂向我們做出滑稽的推動動作。這幾乎把我們推出古典大師展區，穿過一對玻璃門，進入一間超大展覽室，可以俯瞰博物館的大廳全貌。在這個繁忙的路口，阿妲一直被各式各樣的詢問打斷：木乃伊、攝影、非洲面具、「古老的醫療器具，或類似的東西？」（對於最後這個問題，阿妲果斷回答：「我們沒有」。）她一再為這些對話的內容向我道歉，強調在比較安靜的時候，我們會得到比較有趣的問題。在嫻熟地完成了一段如何通往竇加（Dega）芭雷舞伶塑像*4的方向指引後，她輕拍我幾下，指向前方一名西裝剪裁得宜的男性身影：「這一區的策展人，叫摩根之類的名字。」我們看他眼睛盯著地板倉促走過，在杜奇歐的廊道之間消失身影——「他去他的辦公室。」阿妲告訴我：「魯本斯（Rubens）展覽室那扇附有電鈴的門後就是。」我們兩人都察覺到這其中的諷刺性。我們這些人整天與偉大藝術品一同暴露在大眾面前，穿的卻是便宜的套裝。

將近十一點，很快就到我們的休息時間。阿妲前面排起了一小條問問題的隊伍，我得空往下俯瞰有如深淵的大廳。參觀者像是逆流的鮭魚，朝著我登上大廳之梯，又迅速流過我身後，彷彿我是半淹於水中的石頭。我想起自己過去曾多次登上這道階梯，卻從沒想過要回頭看看這些湧入的藝術愛好者、觀光客、紐約客；大部分人都覺得自己在這個迷你世界裡的時間不敷使用。我發覺自己不是如此，感到愕然。

★

你絕不會忘記自己參觀大都會博物館的第一次。那時我十一歲，和母親一起，從我們在芝加哥近郊的家來到紐約。我記得我們搭了很久的地鐵，來到聽起來很遙遠的上東區（Upper East Side），我也記得那個地方有種故事書裡的氣氛：穿著制服的門房，宏偉石頭建成的高聳住宅，著名的寬敞大道——先是公園大道，然後是梅迪遜大道，然後是第五大道。我們應該是從東八十二街過來的，因為我看到博物館的第一眼，是寬敞的入口石階，同時也充當著一名薩克斯風手的階梯劇場。大都會博物館的正面有很多宏偉的柱子，非常希臘，以一種熟悉的方式給予人深刻印象。最神奇的是，隨著我們愈走愈近，博物館持續變得愈來愈寬大，因此來到熱狗攤和間歇

＊4

流動的噴泉前面時，根本無法把整個博物館一眼看盡。我旋即明白這是一個大到不可思議的地方。

我們爬上大理石階梯，通過入口，來到大廳。我媽莫琳排隊準備「捐助建議金額」時（雖然只要一枚五美分硬幣也可以入場），她要我在門廳繞一繞，這個地方看起來不比中央車站（Grand Central Terminal）的門廳遜色，裡面的人也同樣充滿蓄勢待發的能量。從門廳一端的出入口，我辨認出如暴風雪般白得令人目眩的雕像，可能是希臘雕像。*5 從另一端的出入口，勉強可以看到顏色如沙子般的墓塚，想必是通往古埃及的道路。*6 正前方則是寬闊、筆直、宏偉的階梯，通到一張色彩潑灑的畫布，巨大而繃緊，就像船帆。*7 我們把作為入場許可的錫製小別針別在領子上，然後很自然地沿著階梯不斷往上爬。

那時我對藝術的認識全都來自父母。母親莫琳在大學副修藝術史，我哥哥湯姆、妹妹米亞和我都受到薰陶，成了業餘愛好者。我們一年至少會去芝加哥藝術博物館幾

*5

*6

*7

次，幾乎像盜墓者一樣躡手躡腳走著，挑出最喜歡的畫，彷彿正在計畫行竊。母親的正職是芝加哥的劇場演員，如果你對芝加哥劇場略知一二，就知道這一行一點都不絢爛也不浮誇，是辛苦又踏實的工作。我記得她開車帶我進城，聽到她的演員朋友不叫她「莫琳」而是「莫」；觀眾席變暗，舞台燈亮起，了解到這世界足以容納此一神聖小巧的表演空間，可以把外面街上的汽車喇叭聲隔絕開來。在家裡，我們會齊聚在她的大床上，一起讀莫里斯．桑達克（Maurice Sendak）的圖畫書，我們知道那不是普通的書，會讓我們在腦海裡清出一塊遊戲空間，「讓野獸們鬧起來」。我對藝術最早的感受，是它屬於一種月光籠罩、不同於平常的世界，這是來自我母親的影響。

我爸較為務實，不過自有他可以教我的東西。他在芝加哥南區的社區銀行任職，像電影《莫負少年頭》（*It's a Wonderful Life*）的主角喬治．貝利年長後的樣子，對波特先生那種視錢如命的野心家有種發自內心的輕蔑。下班後在家放鬆時，他會在我們家的直立式鋼琴上敲敲打打好幾個鐘頭。他很愛鋼琴。有一陣子，他的汽車保險桿貼紙就只寫著「鋼琴」。雖然他的琴藝不是很好——他總說自己的天分不在於天分，而在於天生享受勤勉用功——他能夠不太流暢但毫不羞怯地彈奏巴哈和威靈頓公爵這兩位偶像的曲子，同時純然為享受樂曲之美而高歌：「噠啦噠噠嘟。」我對於藝術家是勇敢無懼之人的印象，絕大部分來自我爸。

那天我一馬當先，帶領大家以飛快的速度穿梭於大都會博物館中，不斷想著就在下一個轉角還有更不可錯失的作品。這座新世界最宏偉的藝術博物館自從在一八八〇年開幕以來，即不可思議地蔓延擴張，新展區附加於舊展區，使得新的氣氛看似毫無道理地突然冒出。在裡面漫遊時，尤其像我們這樣不斷轉彎時，就像是探索夢境中的大宅院，房間不斷地在前方誕生，在後方消失。再次遇到的展覽室，從新的角度看來只有幾分熟悉。在這樣的渦流之中，那天看到的藝術作品裡我只對兩件留下清晰的記憶。在巴布亞新幾內亞的阿斯馬特族（Asmat）木雕上，我從未看過如此奔放的想像力，尤其是長長一排的圖騰柱，每根柱子都是由一株蘇鐵做出來的。*8 我最喜歡的一個，是由許多紋身的人相疊在彼此肩上，疊到最上面那個人的陰莖延展成細密雕刻的蘇鐵葉片。這似乎證明了世界上有那麼多可能，超乎我過去的認知。

*8

在古典大師展區裡漫遊時，我被彼得．布勒哲爾（Pieter Bruegel）一五六五年的〈收割者〉（The Harvesters）*9攔下，無法動彈。現在的我相信，當時我對那幅傑作的反應，體現出藝術非常根本的獨特力量。也就是說，我體驗了那幅畫中一種至高的美，即使我完全不明白該拿那種美怎麼辦。就算我嘗試述說，也無法抒發那種感覺——實際上也沒有什麼可說的。這幅畫中的美並不像語言文字，而更像是顏料——無聲，直接，而且具體存在，抗拒轉譯，甚至無法譯為思想。因此我對這幅畫的反應被囚禁在我之內，成為在我胸中拍翅的鳥兒。當時的我不知該怎麼辦。這種感受一直是無以名狀的。身為一名警衛，我將會看到無數訪客以自己的方式面對這種奇妙的感受。

七年後，我因為上大學搬到紐約。大都會的秋季展覽正好是布勒哲爾的素描和版畫，再一次，我登上大廳之梯，手裡抓著一本筆記本，這一次我的新身分是充滿天真熱情與雄心壯志的學生。一直以來我總是追不上我那萬分聰明的哥哥——湯姆大

*9

我兩歲，是個數學天才——而我視自己為擁有藝術家大夢的勇敢小弟弟。

身為新鮮人的第一個學期，我選修了英文系聽起來最嚴肅的課，約翰．米爾頓（John Milton）討論課，我們要花十二週時間分析《失樂園》（*Paradise Lost*）的十二卷。每隔幾頁，就會出現類似這樣的句子：

魔鬼羞愧地佇立
對良善感到如此驚駭

這讓我覺得我們應該再繼續研讀十二週。對我而言，偉大的書和偉大的藝術就是如此具壓倒性。

我在藝術史學系只選了少少幾門課，但對我而言卻是最令人陶醉的課。我步入講堂，燈光熄滅，幻燈機旋轉，躍然螢幕之上的是大教堂、清真寺、宮殿、世界各處的雄偉恢宏，喀噠、喀噠、喀噠、喀噠。也有其他比較安靜的時刻：一小張文藝復興時期的粉筆素描，放大一百倍，就像早期電影暫停時那樣在螢幕上顫抖。

但願我能說這些學習讓自己懂得謙遜，但當年的我或許仍過於年輕氣盛。我有位教授，曾協助指揮西斯汀教堂（Sistine Chapel）天花板的清潔工作，而我覺得自己就像是站到那些鷹架上，即將變成做出某項重要貢獻的傑出學者。

我去看布勒哲爾展那天，意圖要吞下策展人擠在每張小解說牌上的每個字。我覺得自己已經足夠讓以前對〈收割者〉產生的愚蠢反應成為過去，此時的我認為那種反應很幼稚，甚至愚蠢。我渴望變得老練，我以為有了適當的學院訓練及最新的術語，就會知道如何妥當分析藝術，且永遠不會缺乏對付那無以名狀之感的方法。有隻小鳥在我胸中拍動翅膀嗎？沒問題！我可以把腦袋運用在畫作的主題，或鑑別出作品的畫派或風格，來使那種奇妙的感覺安靜下來。這種方式，可以讓我超越自己對沉默之美的感知，並找到一種語言，或許能夠讓自己在現實世界裡昂首闊步。

然而我哥哥湯姆病了，事情的優先順序也隨之改變。大學畢業後，有兩年八個月的時間，「現實世界」變成貝絲·以色列醫院（Beth Israel Hospital）的病房和湯姆在皇后區的單房公寓。別提我那時正在市中心的摩天大樓開始一份光鮮的工作。是那些較為沉靜的空間，教會了我關於美、恩典及失去的意義。我想，也包含藝術的意義。

二〇〇八年六月湯姆走了，我向自己所知的最美之處，申請了一份最不複雜的工作。這一次，我來到大都會博物館，不再想要往前走。我的心是滿的，我的心是碎的，而我多麼想要靜止不動地佇立一會兒。

★

下午，阿妲捉住我的肩膀說：「年輕人，現在你自己待著。你站在這裡，我會在那邊。」——然後，我沒弄錯的話，她消失在西班牙。當然我並非真正獨處，但身旁經過的陌生人並不怎麼像同伴，而整座博物館是如此漫無邊際（占地大約是紐約一般公寓的三千倍），所以像我現在所處的展覽室很少顯得擁擠。有幾分鐘時間，我站在我的C崗位，感受著時間往前爬行的速度幾乎無異於靜止。我把雙手叉在胸前。我把雙手背在背後。我試著把雙手放在口袋。我往後靠在門廊內側。走動幾步。然後又把背靠在一面牆上。簡言之，我靜不下來，顯然還沒準備好從小鴨般跟隨阿妲四處巡弋，到突然間變成靜止守備。過去幾週以來，我確實在湯姆死後第一次感到生命又有了方向。我交出申請表。我面試。接受訓練。通過州級認證考試，按下指紋，然後在制服辦公室讓博物館的裁縫師量身。現在我來了！而唯一要做的事情是……抬頭挺胸、保持警覺。讓我的雙手保持空蕩，雙眼保持明亮，同時讓我的內在世界與美麗的藝術融合，與這些作品散發的生命氣息一同成長。

這是一種非比尋常的感覺。再多等幾分鐘，我開始相信自己真的能夠扮演這個角色。

2
窗

早晨是闃然無聲的時刻。我在開門前將近半小時來到崗位，完全沒有人來提醒我要回歸現實。只有我和林布蘭。只有我和波提切利。只有我和這些簡直像是擁有真實血肉的栩栩如生的魅影。如果你把大都會的古典大師展區看作一個村莊，這裡有將近九千名畫筆下的村民（幾年後，我一次一間展覽室算出來的結果，是八千四百九十六位）。① 他們居住在五百九十六幅畫中，誕生於畫筆之下的時間跨距，也正好是差不多的數字。最年長的是一二三〇年代的一名聖母與聖嬰*1，最年輕的是一八二〇年哥雅（Francisco de Goya）所畫的肖像*2。再之後，畫作跳躍到博物館最南端，在那裡現代世界逐漸占有地盤：機械的力量；資本主義；稱為「德國」和「義大利」等等的民族國家；在藝術世界裡則出現了攝影，還有裝在管子裡的現成顏料。將「老」大師集結起來的共通之處，只在於他們比那些東西先來到世上。他們或許是中世紀的工匠，所待的城市在夜裡會關上大門，抵禦危險的暗夜。

① 在博物館該展區經過大規模的擴張後，這數字已經過時，但它包含了畫作背景中的小天使、圍觀群眾，以及螞蟻般大的船夫。如果你懷疑我怎麼可能算出這些人物，那你就太低估我擁有的時間了。

*1

*2

或者是穿絲襪的朝臣，熱切盼望某某貴族夫人的支持。又或者他們是虔敬的僧侶、朝廷的宣傳者、新興中產階級負擔得起的肖像畫家。他們或許各不相同，但都同樣在奮力生存中創造出我們今日想像力的寶庫。時間上距我們最近的老大師哥雅，在自己至少八名孩子中，只能看到一個長為成人。

我在這個展區裡漫步，覺得自己像是陌生而遙遠的土地上的旅人。如果你曾獨自待在某個異國城市，語言不通，沒有夥伴同行，就會知道這樣的經驗是何等奇妙地使人淹沒其中。你幾乎融化——融入街燈和水坑，橋梁和教堂，以及從一樓窗戶瞥見的情景之中。你走在街上，敏銳地看見陌生的細節，即使尋常如鴿子撲翅，也奇妙地鮮活。這其中有著詩意，而只要你在穿越時加以留心，這份魔咒就不會解除。

最初幾週，我猜我的腦大概處於半故障狀態，因為我真的感覺如此全神貫注——就好像每幅畫都是窗簾大大敞開的一樓窗戶。通常一間展覽室中會有十幅到二十幅金框窗戶，在四面的牆上打出了洞。有的看起來像是直接切穿石牆，迎向連綿丘陵和起伏大海的景色。有的窺視著居家室內，邀請我們下巴枕著窗台看向屋中。最後還有那些窗子，當我仰頭觀看，卻發現一張陌生的臉正回看著我，鼻子突出頂著玻璃（這是說如果有玻璃的話；這裡大多數的畫作其實連一片玻璃都沒有！）。

某一個像這樣的安靜早晨，我揉掉眼中的睡意，抬起頭，在我視線高度的是西班牙公主瑪莉雅·特麗莎公主（María Teresa）*3。我立刻感覺到畫家維拉斯奎茲（Diego Velázquez）曾與她待在同一個空間——他弓低身子，畫架距她幾公尺，然後施展某種魔術技法，把她的聰明氣質帶到我前方一公尺之處。這是如此特殊的一張臉。她看起來比實際上的十四歲還要小，然而眼睛卻更成熟。她並不是特別漂亮或神采高昂的孩子；看起來既不特別和善也沒有不和善，既不急於吐露卻也沒有刻意隱瞞，而是坦誠地自處——對於自己奇特的人生過於習慣而不覺得奇怪，且不習於屈居人下。我就像在鏡中看到自己般，可以清晰地看到這張臉。

而有些時候，我較為意識到自己身為稻草人的角色——借用阿姐的說法，或者更抬高身價地說，是某種宮殿的守衛。我工作的第二週，第一次被指派給梅維爾（Johannes Vermeer）的畫作，這些珍貴的作品全世界可能只有三十四幅，而大都會博物館不知怎麼的竟擁有五幅。因為知道這些背景，也因為有不少遊客——來自英

*3

國、日本、美國中西部——把前來致敬作為早晨的第一件事，我站得更挺直些。有一名紮著馬尾的年輕母親，視線定在一幅戴著珍珠耳環的女孩肖像畫前*4，這幅畫被認為作於一六六五年左右。她有可能誤以為這是另一幅收藏於海牙的更有名的作品。不過就算如此，也沒有必要去糾正。

每個人都很安分。我的目光飄到一個安靜的房間，梅維爾非常喜歡畫的室內空間。眼前是一名打瞌睡的女僕*5，她用手掌支著臉頰，背後是收拾整潔的空蕩房間，房內映照著使一切神聖起來的維梅爾之光。我嚇了一跳，不敢相信他竟能捕捉那種感覺——我們有時會在透著高貴與神聖的幽靜場景裡得到那種感覺。那是我在湯姆的病房裡不曾間斷的感覺，也是我在大都會的寂靜早晨裡能夠尋獲的感覺。

★

在開始工作後第一個月的末尾，我來到主任的桌前，對於自己將被分配到哪一組感到反常地焦慮。我很想待在第三組，負責威尼斯展覽室，理由難以解釋。阿妲顯得鄭重地坐在指導員桌前，等待真正的主任前來，而當我向她提起自己的願望時，她像是沒什麼興趣似地略微點頭。我們聽到無線電的喀噠聲，鑰匙撞擊聲，然後主任辛格（Singh）出現。他是警衛部門擁有四十年資歷的老手，也是這裡眾多圭亞那裔美國人之一。辛格先生徵求志願者把某個區域用繩子圍起來，讓藝術品處理人員工作。阿妲說她會去做，換得的報酬是可以選擇自己想要的崗位。「謝謝，辛格先生。」她說：「我要第三組，第二輪時休息。」她停頓一會兒，繼續加上：「布林利先生會在第三輪休息。」

阿妲堅持我們先別走，看看B區的其他十四名警衛中，有誰會加入我們組。結果是兩位新成員，屬於和我同時開始訓練的一班十八名警衛。布雷克的年紀和我差不多，捲髮，來自紐約州本地哈德遜河谷（Hudson Valley），是個飽讀詩書之人。特倫斯的年齡約是我的兩倍，是個會快活親切地在你背上一拍的那種人，同時也是圭亞那移民。（要猜警衛來自哪個國家時，機率最大的是圭亞那、阿爾巴尼亞和俄羅斯，接下來則是加勒比海和前蘇聯國家。）我和特倫斯一見如故——很多人與他都是如此——不過在訓練結束時，他被分發到曼哈頓北邊的修道院博物館（Cloisters），那

＊4

＊5

是大都會專門展示中世紀藝術的分館。他現在會在加班的日子來我們這邊。布雷克的話，目前為止我稍微與他保持距離，只因為我十分看重自己的孤獨，而且覺得還沒有準備好結交年齡相仿的朋友。我們四人友善地聊著；這些同事都不難交談，讓我感到印象深刻。但當我們分手四散，前往各自的崗位時，我感到卸下負擔，終於能夠進入完美孤獨的一天。

威尼斯是個不可思議的城市，由一百一十八個海浪拍拂的島鏈串起，曾以擁有世界上最明亮與最深沉的色彩而自豪。阿富汗的群青、埃及的石青、西班牙的朱紅……甚至連「威尼斯」（Venice）這個名字都來自拉丁文的「海藍色」（venetus）。十六世紀最了不起的威尼斯人是提齊安諾．維伽略（Tiziano Vecellio），人稱提香（Titian），他畫的景色染著一層玫瑰色的大氣，彷彿顏料是用紅酒在水窪裡混合出來的。我走向他那幅傑作〈維納斯與阿多尼斯〉（Venus and Adonis）*6，這是一首如此美麗而寂靜之詩，我感到自己的情緒完全為其吞沒。我難以決定哪一邊更美：是提香筆下亞麻色頭髮的維納斯，拚命攫住她那終有一死的愛人，還是他描繪的年輕傲慢的阿多尼斯，拒絕女神的擁抱，只想回到充滿危險的凡塵俗世。我讀過提香當年也讀的古老詩文，知道故事的結局。阿多尼斯死去，維納斯傷心欲絕，把他濺出的血化成紅色的銀蓮花，這名字的意思是「誕生於風」。

我邊走著邊聽著地板嘎吱作響——這個時間還沒有訪客——然後找到提香另一幅畫，小得多且較不知名。那是他自己年輕時為另一名年輕人畫的肖像*7，成品如此流暢，幾乎看不出斧鑿和費力，就像在陽光斑駁的池塘上隨機反射的光。這個年輕人有著一頭長髮並留著鬍子，但一點都不遮掩他的臉，那張天使的臉——如此溫和、精神飽滿而富有朝氣。他似乎在想著什麼，雖然自己可能也不知道是什麼樣的念頭。而雖然我看到的應該是他脫下手套的一瞬間，卻不覺得自己看到的是時間中凍結下來的一刻。在這張畫中，時間似乎匯聚而非凍結，彷如過去與未來都被納入這個重要的時刻，又或者這名年輕人有一部分豁免於時間之箭的無情，而正是那個部分被提香畫下來。

某種程度上，這幅肖像畫不可思議的特質是可以在物質層次加以解釋的。提香在作畫過程中，上了一層又一層半透明的釉料，使得光線可以穿透、反射與折射，永保

*6

*7

新鮮之感。但我也無法擺脫內心被挑起的感受。這幅畫是如此之美，如此鮮活地流洩出生命力，就像本身是活的——活生生的記憶，活生生的魔法，活生生的藝術，無論你用什麼詞彙來描述，這幅畫看起來是一個整體，明亮，不能化約，也不會磨滅，一如我對人類靈魂的期待。

在我置物櫃的最高層，放著一個破爛的信封，裡面是媽媽給我的湯姆的照片。那些照片和這些畫有所不同，我想要弄清是怎麼回事，在腦中一一喚出照片。有一張是湯姆在他的婚禮上穿著燕尾服：高大、魁梧，帶著孩子氣的快樂。有一張是他研究所畢業，因為癌症而變得削瘦，一顆光頭藏在博士帽的寬帽沿底下，害羞又自豪。還有許多隨興捕捉的片刻，是我們在一條叫做山胡桃路的紅磚房子家中的童年：在落葉堆中蹦跳、吃著生日蛋糕、在床上摔角。然而這些捕捉下來的瞬間，這些複數的記憶，正面臨著消失於時間中的危險，與這些邊角捲曲的照片一樣。但全部加在一起，這些照片卻又諭示著某種更大的事物，以單數存在的關於湯姆的記憶，這記憶我可以閉上眼睛召喚出來，與提香的肖像十分相似：明亮，不可化約，無可磨滅。

這天的第一名訪客來到。我以警衛的身分站到適當的角落。然後我發現，在這些展覽室中，我連眼睛都不用閉上，就可以感到自己想感覺的。

★

「可惡！又是一堆耶穌像！」

最初幾週裡最讓我印象深刻的抱怨，是在巡邏古典大師最早期的廊道時聽見的。這個展區的中央有兩條平行的走廊，一條是義大利，另一條是法蘭德斯和尼德蘭，再銜接到歌德晚期和文藝復興早期。這些繪畫不只實際上古老，看起來和感覺起來也很古老：鍛敲的黃金背景上留有工具印出的圓痕，表面龜裂有如釉料，並且對第一世紀時某位加利利出身的男子有種執著的興趣。（後來我算出在B區共有兩百一十位耶穌。）

我對這位不開心的顧客抱持同情。不過，儘管我不是基督徒，仍十分喜愛耶穌的畫像。走在這些展覽室，就像一頁頁翻著某本氣氛嚴肅卻又格外私密的家庭相簿。裡面有嬰兒時期的影像：聖嬰朝拜、聖家庭、聖母子。也有年輕男子生命中的成長轉化：受洗、曠野中的基督。而最終是受難（Passion），這個字的原意是「受苦、承受、忍耐」：在園中的苦惱、鞭刑、釘十字架、哀悼基督、聖母憐子。看來這些昔時大師的確傾己所能，把他們所有的才能與精力、驚愕和恐懼全都注入一個短暫而艱苦的生命故事裡。

再走過一遍，我突然注意到，相對於耶穌的生命事蹟，屬於言談講道的面向幾乎完全被略過。例如我找不到登山寶訓（the Sermon on the Mount）的畫，耶穌所講的比喻也寥寥無幾。這些古典大師相當肯定他生命中最能引起共鳴的，是開始與結束的時候。再者，在每一個把基督描繪為超自然存有的主題中（復活、升天、基督陞座），總有好幾幅畫表現得非常具體，唯一能顯示這名受難者超越人類的記號，只有一個光環。

大都會裡最悲傷的一張畫，或許是達迪（Bernardo Daddi）的作品了。這位佛羅倫斯人與大約三分之一的歐洲人一樣，受鼠疫折磨。我正面迎向他的〈耶穌被釘十字架〉（Crucifixion）*8，眼前呈現的這幅景象含有龐大的痛苦，但並不誇張。基督的身軀莊重但無力；他的姿態裡有種柔和的優雅，顯示他勇敢地承受苦難。瑪麗和約翰若有所思地坐在地上，但最明顯的是疲憊感。瘋狂的一天過去，留下的只有死

*8

亡——直接了當的事實，無可探究的神祕，巨大而無可動搖的終局。

身為一名觀者，我可以把這幅畫用於它本來就該扮演的角色，為此我十分感激。十四世紀的畫家做夢也想不到，有一天會有一種稱作藝術史的東西，還有藝術鑑賞家和教科書專門為其服務。在達迪心目中，這幅畫應該是一種工具，用來協助必要而痛苦的反思。我對耶穌畫像的興趣不在於找出任何新見解或微妙的意義。在我看來，達迪已經畫出了受苦。他的畫作只關乎受苦；除了受苦以外再無他物；而我們看著畫，是為了感受那份令一切噤聲的受苦的沉重，否則根本毋需觀看。

我感到，最了不起的藝術傑作，幾乎都在提醒我們最明顯的事物。這是真的——這就是作品要說的。稍微花一點時間靜下來，把你已經知道的事情想得更充分。今天我對於受苦之可怕現實的理解，或許與達迪這幅偉大的畫一樣清晰鮮明。但我們會忘記。那些事變得沒那麼鮮明。我們必得回去，一如回到這些畫作，再次面對。

3 聖母憐子

我出生時，哥哥湯姆還不滿兩歲。所以當我是小孩時，他也是小孩，我青春期時他也是青春期，而在我的二十五歲生日後不久，當他死時，也仍是個年輕人。然而感覺上這一切實在難以置信。對小弟弟而言，大哥哥永遠是大人。我人生中每一次第一天到新學校時，都會遇到老師從名冊上抬起眼睛，說：「布林利？你是湯姆．布林利的弟弟？」眼神半是愉悅半是警戒。如果我活到一百歲，我想我仍是湯姆．布林利的弟弟。他是獨特的小孩。他可以使老師精神振奮也可以讓他們累得半死。國中時，他搭公車到本地的高中去修數學課。高中時則到社區大學。對數學，你能教得多快，他就能學得多快，而其他科目又超乎你對數學資優生的期待。你可以丟給湯姆更多額外的功課，卻無法擺脫他看穿大人的慧黠眼神：「怎麼樣，老師，我很乖吧？」而每個人只能承認他的確如此。他是個好孩子——快活、有耐心、樂於助人、謙遜，而且很正常。他不炫耀，看起來也不會努力過度。事實上，他散發著一種怡然自得的氣息，總讓人忍俊不禁。

多年後，湯姆解釋自己為何把純數學放到一邊，改道鑽研生物數學的博士學位時（以我有限的了解，他研究的是液體在活細胞中的流動方式），也是一派湯姆風格。「純數當然非常的美。」他解釋：「純數很優雅。物理學也很優雅。生物學則一點都不優雅，根本一團混亂。派翠克，你不會相信的。我也不相信，直到我讀了克莉絲塔的有機化學教科書。」（克莉絲塔是他在杜克大學的女友，後來成了他的妻子。）「這樣說吧。如果你我要建造一具機械，我們會設計得有條有理，必要的部件愈少愈好，用明確而有效率的方式運作。但是活生生的自然產物不那樣運作，是由最不可思議的重複部件和花俏裝飾所建構，一個主題會有幾百萬個小變奏，所以就算其中四分之三失控，生命還是會存活。這樣的成果就是魯布·高登伯格（Rube Goldberg）機械，但卻是耐用的魯布·高登伯格機械，奇怪得難以想像且密密層疊的魯布·高登伯格機械。在最小的細胞中，就隱藏著人腦不足以了解的顯微尺度下的超級城市。我覺得那很厲害。」

湯姆喜歡說「厲害」。

還有一次，他喝著雲嶺啤酒，抬起眼說：「你知道什麼事情很驚人嗎？所有活著的東西——一隻瓢蟲、一株紅杉、麥可·喬丹、藻類——全都是從一個活細胞演化出來的。但你知道什麼比這個更驚人？」他的小弟弟不知道。「就是那個細胞。」我們安靜下來，邊喝邊想著細胞。那時我們還不知道，在湯姆左腿有一個細胞會發生突變，擴張成一支軍隊，對他展開圍攻。

湯姆是個又高又壯的傢伙。我們打架時，我如果能用東西掃到他的頭然後逃掉，就已經偷笑了。他身上綜合了美式足球敏捷線衛、諧星克里斯法利，還有一點佛陀。我記得有一次他在國中美式足球比賽時擔任中鋒，沒能搶到球而維持蹲姿，導致他所有隊友全都越位而搞得一團混亂。比賽結束後，他懦弱地聳聳肩，不過仍頑皮地豎起一根手指。「順帶一提，裁判錯了。」湯姆堅持地說：「裁判說：『全體進攻線越位。』但他應該加一句：『除了中鋒以外。』」

湯姆在二〇〇三年秋天為了念研究所搬到紐約，二〇〇五年夏天結婚。在我們都健康地共處於這個城市的兩年之間，大約每個月見一次面。這比我和大學時期的朋友見面的頻率還低，但湯姆不是大學朋友，沒必要急，何況我們的小孩會是堂兄弟姊妹。婚禮之後，湯姆左大腿有奇怪的感覺。十一月時切除了一個腫瘤。然而，儘管做了放射和化學治療，到了二〇〇七年一月時，癌細胞已經擴散到他的肺。在兩年又八個月間，我們在湯姆惡化的健康之中共處於這個城市，而紐約本身似乎改變了。我大學時的紐約是唱片行、小餐館、華盛頓廣場的噴泉。那是個漫無邊際、多采多姿又浪漫的地方，適合與年輕戀人手牽手散步。大學畢業後，我移往紐約上城，那裡都是摩天大廈、黃色計程車、著名大道上的知名地址——如果你想混入社交圈，這裡就是你的立足之地。然後湯姆生病。接著就突然轉為醫院的腫瘤科病房和湯姆在皇后區的公寓。

那間公寓。

今天如果我閉上眼想著湯姆，他就在皇后區。他坐在一張老舊的紅色沙發椅上，膝上擺著一疊塗寫著潦草字跡的紙。電視上放著球賽。他變瘦了，因為癌症，而且光頭。我在那裡。我們的妹妹米亞在那裡。爸媽本來也在，但已經離開，回到此時已變得熟悉的旅館過夜。而湯姆正努力在名符其實的死線之前完成數學工作——他會在病重之際完成論文——只是每個人都來打擾他。但是湯姆不在乎，他喜歡那樣。

「嘿，湯姆」我說。「嘿，湯姆」開啟一段冗長而可能並不重要的故事。我會好好描述故事的細節，因為我最喜歡對湯姆說故事，因為他那麼喜歡聽，因為我那麼喜歡說。他在沙發上往後躺，仿如腦袋不靈光似地認真傾聽，愉快地看著我在他讓出的空間裡嬉戲。然後終於輪到他說話了，針對白鯨記或棒球或我們的姑姑瓊尼發表意見，又或者經過長久的布局，終於來到令人噴笑的最後一句；此時他就會重心往前，移動身體。之後他又坐回沙發中，以日記書寫者般地流暢繼續搖晃著那根被嚼過的鉛筆；只是他寫的不是英文句子，而是希臘文，一頁又一頁的數學希臘文，像是包含著等號的《伊里亞德》。

那是在公寓裡的湯姆。

所以一天下午，我接到克莉絲塔焦慮的電話時，毫無防備。湯姆的情況突然不明原因地惡化，而當我前去幫忙時，發現自己的大哥其實在害怕。

「帶他去找神經科醫生。」他的醫生在電話裡告訴我們：「現在就去。不要管預約，現在就搭車去。」

我們把他慣用的左手臂跨到我肩上，由我撐著他的體重，一起站在路邊等一部紐約外區的黑色計程車。

「那，派翠克。」他以虛弱的聲音說：「你最近在幹嘛？」然後我們都笑了。

在現代的受難記上演的其中一間單調候診室裡，我給了他一瓶開特力運動飲料。他發現自己沒有力氣扭開瓶蓋。他舉起染了墨水的左拳，一次又一次擊打瓶蓋；雖然看似不可能，但這是我唯一一次目睹湯姆崩潰。幾天後——他撐過了這次的自體免疫攻擊——他虛弱到幾乎無法眨眼。

「嘿，湯姆」我問過他一次。「這一切是為什麼？」——意思是這一切，癌症。他抬起頭。「這個嘛，很難說。好笑的是，關於我做的東西，我的生物數學，有時候我真的可以做得很漂亮。想想這很驚人。所有美麗抽象的數學，這種人類基於觀察再加上直覺找出來的語言，結果真的能夠描述真實的自然。令人難以置信。但大部分時候，自己做的這些東西讓我感到謙卑——這還是保守的說法。然後，我不知道。我不覺得有誰真的知道為什麼會有這個軟組織肉瘤。」他以一種不可思議的目光看著自己的腿。「總有某個原因。」

在那次自體免疫危機的高峰時，湯姆把我們一個一個招到房間裡道別。離開房間時，我的心早已破碎，在一本醫療手冊背面，我寫下了這些：

我很快就會無法說話了。但我很快樂。很多方面我都是幸運的。家庭。請照顧克莉絲塔。可惜沒能做完數學。我沒有放棄。我不擔心你。你很棒。愛你。我應該是個好人。睡著以後有人回到錄影帶店。每個人都受苦，輪到我了。每個人都會死，輪到我了。既想又不想用藥來減輕痛苦。死掉沒關係，不想再受苦。看每個人變老。請讓克莉絲塔過得好。很多快樂的回憶。你對我說話的快樂回憶。就像你在電影演一半時睡著，然後有人在你看完前把錄影帶還回去。

而後來，他又與我們一起待了一年時間。

★

醫院。

在湯姆那小小的醫院病房裡，大體上都是開心的（實際上住過的病房不少，但在我的記憶中都融合成一間）。簡簡單單。填字遊戲，報紙，電視上放著球賽，大聲唸書，叫午餐。湯姆在病中並沒有煩躁不安，他沒有尋求新的宗教信仰，他仍然喜愛自己一向喜愛的事物。於我，這讓這裡的事物都沾染上一層光暈，所以球賽都是好看的球賽，書都是好書，來訪的朋友都是好朝聖者，一切如此單純，一切都是擁抱。

湯姆喜歡拉斐爾，所以我們在他醫院病床上方釘了一張〈金翅雀聖母〉（Madonna of the Goldfinch）*1。我爸景仰狄更斯，所以他打開一本平裝本，朗讀某個悲傷又好笑的段落。真是奇妙，偉大的藝術可以以如此簡單的方式塌縮成如此平凡的場景。一直以來我總以為事情是相反的。尤其在大學期間，我認為偉大的藝術是由比我們更尊貴的人塗布於大教堂中，或裝載於前後書封之間，讓人抬頭仰望或專注凝視的。然而，即使是像「耶穌受難」這樣高貴的故事，現在感覺起來也如此近在身旁而毫無神祕，只是一種很坦直的嘗試，去表達發生在那個房間裡如此平凡的事情。

然後夜晚總會來臨。當湯姆很不舒服時，會有人陪在一旁，通常是克莉絲塔。他睡覺時我們會把電視調成靜音，房間內的寂靜不像真的，正如這一切也都不像真的。湯姆在那裡。好笑的湯姆。那是他的身軀，曾經壯碩活躍如昔時的湯姆，現在是柔弱優雅的這個湯姆。多麼美麗。之後我會幫他把身體翻到側面，用拳頭按壓他的肌肉，在他疼痛的背上推著圓圈。他會呻吟並小聲說謝謝。然後恢復靜止。然後我會看著他呼吸。

有一次，就像這樣的時刻——更正確地說是凌晨之時——我和母親坐在床邊，我看著她彷彿第一次般看著這一切。她看著睡夢中的兒子。看著我。看到光，看到身軀，看到恐怖，然後看到恩典。「看看我們。」她告訴我：「看，我們根本就是一幅古典大師的畫。」

★

幾個月後，我們拜訪母親住在費城的四個兄弟姊妹。你可以想像，在埋葬了自己二十六歲的兒子之後，與自己的兄弟姊妹和他們成年的孩子說話，雖能帶來安慰，卻也同樣令人悲傷。是我媽先想到可以找個簡單安靜的地方，於是我們兩個偷偷溜走。我們看著車窗外尋常的都市活動，慢跑者、牽狗散步的人，在在證明世界不會因為發生了某件重大的事情而停止運轉。然後我們離開富蘭克林大道，在藝術博物館停車。

在我記憶中，博物館裡是完全的靜止，裡面的雕像似乎才剛落入突然發生的魔咒之中。周遭如此安靜，我們可以聽見自己在淺色石頭地板上的腳步聲。我們登上樓

⋆1

梯，朝著一尊金色的黛安娜雕像前進*2，她的體重永遠落在一隻腳的前腳掌，手永遠拉緊弓弦。我媽領著這次朝聖，帶我倆經過褪色的掛毯、泥金裝飾的手抄本，來到古典大師畫作區。這些展覽室有如教堂或修道院，有著花窗玻璃，一個石頭的洗禮盆，以及受難與恩典的聖畫，這些對於一個名叫莫琳．加拉格爾的費城女孩而言都是熟悉的場景（她在許久以前便已放棄天主教信仰，但對這些場景仍懷有情感）。而的確，這些展覽室中的氣氛極度熟悉，雖然和格子裙或嚴格的修女都沒有關係。那是好幾個月以來在湯姆病床邊的氣氛，有著難以言喻的神祕、美麗與痛楚。

我們沒有說話，各自走開，尋找自己想要貼近的悲傷而明亮的圖像。我的是一幅寶石般的畫板，在七百年前由不知名的義大利畫家所作，有一種坦直而真誠的風格。這是畫在一小塊白楊木上的蛋彩（以蛋黃為基礎的顏料），描繪石窟前的聖母瑪利亞和她剛出生的嬰兒。*3他們頭上掛著一顆奇蹟之星。賢士和天使聚集，為的是見證與崇拜。瑪利亞看似不為周遭的喧嘩所動，目光落在安穩躺於馬槽中的平靜嬰孩。這樣的場景稱為賢士來朝（Adoration）。我在心裡念著這個帶有愛慕意思的優美詞彙。在此種時刻令人生起的溫柔崇敬，這樣的名稱是多麼適切。我們因這樣的景象而沉默下來，內心融化，被鮮明又直接的事物所穿透——這些事物在嘈雜的日常生活中只能約略察覺。我們不用解釋自己所愛。加入更多脈絡，只會遮掩那份直接，且不知怎麼的使得神祕失去其神祕之感。你無疑生起過這樣的感覺，或許是對睡夢中的孩童或愛人，又或許是對初升的太陽或沖擊的大浪，也可能是對某件聖物，或故世許久的義大利畫家所繪的甜美圖像。看著我的大哥哥捏著手勇敢地承受，我只能感到愛。從奇蹟之星降下一道格外清晰的光，與古典大師的同樣清晰。

我離開這幅畫，在早期文藝復興展覽室中尋找母親。我看到她時，她正被框在一幅更為殘酷而美麗、甚至比我那幅更為真實的畫中。作畫者是尼可洛·迪·皮埃特羅·傑里尼（Niccolò di Pietro Gerini），在十四世紀的佛羅倫斯創作的大師。在沒有裝飾的金色背景之上，描繪著一個年輕人，非常美但明顯地死去，身軀由他的母親支撐，而母親正如他活著時般地擁抱兒子——這個場景稱為「哀悼」（Lamentation）或「聖母憐子」（Pietà）。*4 我母親向來很容易掉淚，不管是婚禮或電影，但這次不同。她的臉埋在雙掌之中，肩膀震動，但當我與她眼神交會時，我看到她之所以

*2

*3

*4

哭泣，是因為她的心在破碎的同時也是滿溢的，因為這幅畫喚起了她的愛，這同時帶給她慰藉與痛楚。當我們愛時，我們也領悟美。當我們哀悼時，我們了解「生命是苦」的古老智慧。一幅傑作可以像是一片毫無遮蓋的底岩，這片真實過於絕對、直接而又令人淒楚，使人失去語言。

一兩個小時過去，該離開博物館，回到底岩上方層層堆疊的所謂真實世界了。我父母和妹妹米亞飛回芝加哥的家。我搭上火車，回到紐約。我二十五歲。我加入紐約中城摩肩接踵的陌生人群之中，對自己的方向感到迷惘——從最廣泛的意義來說。我不想回到那個我幸運得到、前途大好，現在卻感到難以消受的摩天大樓裡的工作。我想，不管哪條路，都不值得我奮發努力地前行了。我失去了某人。我不想從那裡振作起來。某種意義來說，我完全不想移動。在費城藝術博物館中，我被允許沉溺於寂靜之中，徘徊、踱步、回顧、冥思，抬眼看著美麗的事物，除了悲傷與甜美不作其他感受。

我在布魯克林地鐵上，與滿車疲憊的乘客一同搖晃著回家。腦中有某種想法開始成形。我注意到在紐約那間偉大藝術博物館中工作的男男女女已有好幾年。不是藏在辦公室裡的策展人——而是站在各個角落小心警惕的警衛。我能夠加入他們嗎？

事情有這麼簡單嗎？真的存在著這樣的漏洞，讓我可以從邁步向前的世界中輟，成天滯留在美的世界之中？我沿著布魯克林的第五大道走著，經過幾家墨西哥玉米餅店，朝著我位於三樓的住處走去。當我把鑰匙插入鎖孔時，事情變得如此明白。二〇〇八年秋天，我在大都會藝術博物館裡站上我的崗位。

喝著外帶咖啡、聊天、抽菸、冥思、讀《紐約時報》和《每日新聞》。當M1公車放下幾個來自曼哈頓上城的警衛時，有人叫著：「門別關！」幾名夜間警衛（半夜班）越過我傾全力跑上同一輛公車準備回家。接近崗哨時，我看著一輛沒有特徵的白色貨車正獲准進入裝卸區（可能裝載著從羅浮宮借來的作品或兒童餐的熱狗麵包，無法確定）。然後我繼續前往第二個崗哨，刷證件、把臉湊近一個監視器一下。「早安。」我聽見一個資深同事的聲音；此時他就算不知道我的名字，也已認得我的臉。

我推開一道沉重的金屬門，發現我的路被一群等在護衛辦公室外的臨時工堵住，直到有一名穿著連身工作服的警衛把他們帶開。博物館裡總有某處在裝修，但因為不能讓攜帶電動工具的人隨意遊蕩，總需要有一名護衛整天看著。在地下層，頭戴安全帽的工人很容易融入博物館的視覺。在那裡，腳下是水泥，頭上是水管和管線系統，裝藝術品的箱子堆疊，拖板車上散亂著各種不同語言的地圖。唯一的裝飾性元素，是過去一百多年間在博物館內外拍攝的老照片，列隊成行——丹鐸神廟（Temple of Dendur）的石頭在第五大道上用防水布蓋著；亞斯特夫人參觀興建中的中國庭園，名為亞斯特庭園（Astor Court）；在世紀交接之時，一名穿著像伊迪絲·華頓（Edith Wharton）的女學生在〈華盛頓橫渡德拉瓦河〉（Washington Crossing the

Delaware）之前；一張黑白老照片中，一名警衛直視鏡頭，以經典姿勢往後倚靠在門柱上——雙手交於背後放在尾椎下方，雙腿斜叉約三十度，腳踝相交。在他那個年代，位於展覽室下方的此處有一個射擊場，日間警衛和夜間警衛會在這裡舉行一年一度的比賽。我最喜歡的照片或許是這張：贏得比賽的隊伍拿著手槍，在特別訂製的蒂芙尼獎盃旁擺著姿勢拍照。

我正要前往調度室，但忍不住偷看一眼指揮中心，裡面有一個身著黑色西裝的大老闆，也就是保安經理，正在按下通行密碼。門在他身後關上並鎖起來之前，我正好來得及看到整面的閉路電視監視器，不過從來沒有機會清楚看到地點，十年間一次也沒有。相較起來調度室則有如家一般溫馨。在一個櫃檯上，一名警衛正在加班輪值冊上簽名，另一個人在填寫休假申請單，還有一個在翻閱隔週發行的員工刊物《大都會通訊》（*Met Matters*）。櫃檯後面有一些調度員盯著電腦，而一個名叫鮑伯的白鬍子男性正站在一個大板子前工作。鮑伯是極少數記得五百多個警衛名字的人。我們一走進調度室，他就會找出寫有我們名字和主要區域的牌子，把它放在代表博物館不同區域的某個欄位裡。他要設法讓每個區域都達到目標人數，但視當天的出勤情形，他可能必須生出額外的崗位，也可能必須減少某區人數，並關閉某些展覽室。然後他會叫喊：「布林利，A區！」（中世紀），或「R！」（現代），或「K一！」（希臘羅馬），或「F！」（亞洲），或「I！」（十九世紀），或「G！」（美國），或其他時期、文化，或風土區域。這天早上是「布林利，H區！」我一下就想起來那是埃及展區。

「H區！」我回應。一如我快速進門，現在也立刻彈出去。

在前往置物櫃室的路上，同事們相互對照結果。

「你今天被派到哪裡？」

「C（大廳）。怎麼搞的，這週已經三次了。你呢？」

「J（當代藝術），不太差，不太好，距離置物櫃很遠，但可以接受。你覺得鮑伯到底是怎麼做決定的？」

「誰知道？我以前認為只要很早到，就一定會被派到我的主區。但每次我有了某種理論，他就變給我看。」

我們來到一座樓梯，這裡會把仍穿著便服的我們往下送，與穿好制服往上走的弟兄們區分開來，然後我想起自己把一條褲子留在博物館的裁縫師強尼那裡。

在樓梯最下層，我走進制服室，看到人稱「鈕扣強尼」的裁縫師坐在一台縫紉機前，旁邊是一整排深藍色外套。牆上有一幅布克兄弟（Brooks Brothers）的海報，上面有一道手畫的箭頭，指出模特兒扣他西裝外套的方式，正確方式。強尼是韓戰退伍軍人，儘管常發牢騷，仍很得人心。看到我時，他把口中的針拿下來。

「褲子，對吧？口袋破掉……孩子，你在那口袋裡做了什麼？不，不要告訴我。」

他起身，翻找吊衣架，不過又停下來，打量著我。

「老天，孩子，你知道那些畫裡不是真的裸女……。」

另一個警衛走進來——史提夫。

「我正跟他說……」強尼對史提夫說，指的是我：「最好不要把手放在褲袋裡——你知道，要像個莊重的紳士一樣。」

史提夫不理他，說：「強尼，我要怎樣才能有好一點的襯衫？看這裡，強尼，我快被勒死了。我都有按規矩來，強尼。我把我的襯衫放在你這個箱子：『髒衣服』。乖乖等待。我打開我的襯衫櫃，期待乾洗過的好襯衫。那些好好熨過的襯衫，強尼。

然後我拿到竟是這個！這根本不是我的襯衫！這裡是十歲小孩在管理的嗎，強尼？看看這個脖子！」

強尼不斷點頭，等著史提夫把話說完，才好告訴他：大家都知道的，襯衫不是他（強尼）負責的，而他（史提夫）應該去找丹克沃斯先生。

「找丹克沃斯先生……」史提夫噴著怒氣：「開什麼玩笑，去找丹克沃斯先生。你還真敢，強尼。成天坐在這裡縫扣子，叫別人去找丹克沃斯先生……」

「沒錯，而你又會做什麼？」強尼說：「除了整天站著，對那些爛雕像說話？」

兩人都笑了，然後強尼把補好的褲子交給我。

置物櫃間一片嘈雜，到處都是金屬門的開關聲和十數種語言的無數對話聲。我經過正在刷牙、刮鬍子、衣服穿脫到不同階段並一邊吃早餐的人。有的人睡眼惺忪、腳步蹣跚，有的人乾淨清爽、專業幹練，正在為鞋子打光。我抵達自己那排置物櫃，一邊道歉一邊推進，加入一列在自己置物櫃前著裝的成年男性（雖說櫃子尺寸適合高中生，像所有的置物櫃一樣）。有些早晨眾人會有共同的話題，但今天多數人都是兩兩對話。來自孟加拉的拉罕曼先生正與留著翹鬍子的波蘭警衛尤金開玩笑。來自澤西的年輕小子薩爾瓦多身穿重金屬風的緊身背心，正與出身本地哈林區的傑克森先生談論男性服飾。內森是說話柔聲的菲律賓第二代，和正在談話的湯米——賴比瑞亞移民及視覺藝術家——有同樣的衛生習慣：先把紙巾鋪在水泥地上，才脫掉鞋子。路易斯和J.T.同為紐約本地人，兩人已經一起著裝二十年，幾分鐘後，兩人的來回應答已經變得夠大聲也夠好笑，引起大家的注意。聽著這些玩笑，我鑽進自己的制服裡，把雙M金色字母徽章別在領子上，把準備在休息時間讀的一本平裝本滑入口袋，然後注意到我用立可白寫在內背心口袋上的薪資單號已經開始磨損。我拍拍口袋確認哨子和鑰匙，穿上制服鞋子，佩上酒紅色的扣式領帶，沒和同事說什麼話，但在這裡大家互相尊重，沒有人會在意。

據說樹木的根就像枝葉一樣延伸。大都會博物館也是，在展覽室下方的兩層樓，正與大眾所知的區域一樣漫無邊際。聰明的警衛早已把整個立體結構內化，因此他們可以在地下室某間盥洗室外面告訴你：阿茲特克神像[*1]就在頭上，而祂們頭上則是塞尚（Cézanne）的蘋果[*2]。至於我則沒那麼聰明，有時會往新的方向遊蕩，經過木材工坊和塑膠玻璃工坊、修復工作室和儲藏設施、使用中的武器庫，直到找到樓梯往上，然後才發現自己來到藝術世界的何方。今天，我在奧古斯都大帝的石膏塑像轉最後一次彎——這種塑像曾經是受歡迎的展覽物，但現在退居為裝飾品——然後往上進入古典藝術區。希臘在我右邊。羅馬在我左邊。一名希臘運動員裸露的屁股就在我面前，在那後上方則是來自愛奧尼亞的阿提密斯神廟（Temple of Artemis）的巨大柱子*3。

我測度著前往H區主任辦公桌最便捷的路徑，穿過大廳，發現自己來到古埃及。

「你是布林克利？」

「布林利，主任。」

「抱歉，布林利。你在第三排？」

「是的，主任。」

「你今晚要不要加班？——午夜，在皮特里咖啡廳（Petrie Court）有場派對，一輪半的時間。」

「不，主任，不要加班。」

「好，布林利，去第三組，第三輪休息。」

「第三組……是神廟那邊嗎？」

「不，就在前面這邊，破內布之墓（Tomb of Perneb）*4那裡。等一下，布林利，我寫一張紙條給你……」

主任讓我後面的警衛等著，花時間寫下為我這種新手準備的小抄。

「祝一天愉快，布林利。」她說。「下一位。」

★

埃及是獨一無二的工作地點。這是一個廣大的區域，空間大到足以展示將近兩萬六千件的埃及收藏品，也是大都會其他策展部門夢寐以求的奢侈空間。不過儘管占地如此之大，卻有非常高的統合性，畢竟所有的展覽品在本質和表現上都是如此埃及。沒有人像古埃及人那樣，在三千年時間之中都如此地做自己，你一踏入這些展覽室，立刻就能辨認他們的審美觀。不談別的，埃及豐富著我們想像力——帝王谷、金字塔、定期氾濫的尼羅河……感覺像是假的，卻再真實不過。這是大都會博物館最廣受歡迎的展區，吸引在學孩童和堂堂教授，以及新時代療癒者和非洲未來主

＊1

＊2

＊3

＊4

義漫畫家。如果你正好是這一區的警衛，就會一直聽到博物館參觀者提出最具代表性的問題：「喂，這是真的嗎？」

我的崗位在破內布之墓，建於西元前二三五〇年左右，形式是不張揚的「馬斯塔巴」（Mastaba）石灰岩結構。一對年輕男女走過來。從穿著和舉止看起來，他們應該是紐約客，然後我反思自己為何能夠輕鬆做此判斷。不過他們顯然從未來過大都會博物館，甚至任何藝術博物館，因為他們的反應洩露底細：瞪大眼睛，左顧右盼，到了路口時比起興奮更顯得遲疑，因為還不知道自己看到的東西到底意味著什麼。

「不好意思。」男孩說：「我女朋友說這些展示品什麼的，都是真的。你是否知道這些東西是不是真的？」

我告訴他們是真的。

「但這什麼意思？」他繼續：「意思是說，這是真品？是原件？從埃及來的？」

我告訴他們這些東西是從埃及來的。

「也就是說，這個東西……」這次是女孩開口，伸手想要去拍拍眼前花崗岩獅子的鬃毛[*5]，不過被我輕輕制止。「啊，對不起。所以這裡的這個東西，有多古老？」

我告訴他們這東西有五千年。

「五千年？」她說。

「五千年！」他說。他們以玩笑的語氣對彼此重複，彷彿這不是什麼了不起的事實。「但是聽好，」——現在男孩努力與我對抗——「這裡不可能所有東西真的都是真的……」

我喜歡他們。我看著他們探看裝有博物館最古老物品的展示櫃，好整以暇地欣賞舊石器時代的手斧[*6]和新石器時代的箭頭。我猜得出他們為何如此悠閒——他們還不知道這間博物館到底有多大。女孩用手肘碰碰同伴，指著解說牌上的資訊，我猜得出是什麼吸引了她的注意：一個手斧，製作年代被認為介於西元前三十萬到九萬年——在這樣的時段之間，你可以塞入約一千次美國歷史。他們的目光移動約三十公分，便穿

⋆5

⋆6

越了數萬年時間，來到人類文明——在此是埃及——開始起飛的世界。七千年前，這些優美的燧石箭矢可以把鳥兒從天空中射下來。我的這一對情侶耐心地專注看著。或許他們感動於這些史前物品距離自己不可思議地遙遠，或許他們注意到那個手斧握起來應該十分合手。也或許他們正試著去想十萬年究竟意味著什麼。我忽然察覺，在努力想像之下，這些物品對他們而言變得如此真實，那程度是我們其他人難以企及的。我懷疑，就連規劃這個展示櫃的策展人，可能都無法那麼成功地把展示品融入自己日常生活的現實之中。正如地質時間或天文空間，當我們努力嘗試時，是能夠稍微領略人類發端以來的驚人廣度，但只要一回到自己立足的現下，就會忘掉那些現實。博物館是讓我們能夠回去並記得那種寬廣的場所，對此我湧起一陣感激。

過了好一會兒，女孩轉身，在清楚看到古王國時期無盡延伸的廊道時笑了出來，搖著男友。我看到這兩人瞬間轉換，變成步調較為尋常的博物館拜訪者。他看看手錶。她瞇起眼睛，對這次出遊的意義開始感到明確。於是他們跨步走入埃及的歷史饗宴，什麼都不想錯過。再會了，兩位。我想著，停留原地。我背後的墓塚標誌著參觀路線的分岔點，而我注意到逐漸增加的參觀者中，約有半數的行走方向與策展人的盤算相反，從末代法老克莉奧佩脫拉（Cleopatra）的殞落開始，時光逐步倒流，最後回到大金字塔和埃及的史前時代。這些人多半不會注意到自己正經歷時光的逆流，這也是埃及藝術超越時間的奇異特性。

到了更換崗位之時，我被推往一個與主要環狀動線隔絕、常被人漏掉的展覽室。裡面擺放的，是博物館在一九一八到一九二〇年間一次收穫豐富的發掘中剛好一半的物品（另一半交給了埃及當局，這是當時的標準規定）。當時博物館在挖掘一個已被人盜過的墓，富有的墓主名叫梅克特（Meketre）。其中一名工作人員注意到沙子從一塊石頭的裂縫中漏下去。他們揮鎬挖掘，找到一個盜墓者錯過的墓穴，裡面是四千年來沒人動過的寶物。不是金子，不是珠寶飾品，而是兩百多件塗有顏色的木雕人物，多數約二十公分高，一群群地聚集在細緻的模型船*7和其他忠實呈現的場景中，例如釀酒工坊*8、花園*9、糧倉*10等等。高官梅克特擁有各式不同產業，這些木雕小人便是為他工作的真實男女的替身，而他們之所以待在墓裡，是便於在死後世界中可以神奇地繼續為他工作。

*7

*8

*9

*10

我趨前觀看一個結合釀酒和烤麵包的工坊。這模型收藏在玻璃櫃中，展覽室裡的其他東西也都如此，所以我可以稍微放鬆一下，不用緊盯每個訪客的手。近來我斷斷續續地讀著一本關於埃及歷史的書，於此我再次想起讀書和觀看實物是多麼不同的經驗。書本上的資訊幫助我推進關於埃及的知識。相對的，與埃及的某個真實部分親身接觸，則似乎讓我止步。這是藝術作品的一個重要面向：你無法消耗其內容然後移往下一個目標。習於把某個主題化為幾個重點的世界，在此似乎是受到蔑視的；沒錯，藝術不會吐出條列式的重點。藝術所訴說的，往往是那麼龐大同時又那麼貼近內心，因而無法被概括總結的東西，而訴說的方式，是什麼也不說。

這是一幅密室幽閉的恐怖景象——眼前這組模型。十八名工人在擁擠的工坊裡勞作，男人理光頭、上半身赤裸，女人穿著單肩帶的麻料連身裙，髮長及肩。磨坊的工作落在女人身上，因此每個女人都有一個圓形石磨，不停地在穀子上來回滾動，同時男人則用幾乎和自己一樣高的杵擣碎這些穀物。另一些男人用雙手為麵團塑形，用雙腳踩踏水和麵團的混合物，並把將成為啤酒的材料倒入大甕中發酵——這全都發生在兩個收納紙箱的空間裡。

埃及人對時間的看法與我們不同——他們稱其為 neheh，意謂著「數百萬年」，其

本質並非直線而是循環。太陽升起，落下，又升起。尼羅河氾濫，退去，又氾濫。星辰以精確的規律在不動的觀察者周遭輪轉，同樣的，時間的巨輪棄卻亡者，催生新的生命，這生命將長大、成熟、敗壞，一切事物永恆流動，然無一事物真正改變。他們認為這是如此明顯而可觀察的事物本質，並且延伸到死後的世界，所以才有了大都會裡這些永不停手的勞工群像。尤其是注視著這些女人時，我直覺她們對於過去、現在與未來必然感受不到分別——每天轉動石磨這件事不會停止，沒有一件事會停止。在早有古老金字塔相伴，接下來數千年也為其文化坐鎮的生活中，去想像歷史是往前推進的直線，應是十分荒謬的事。

一陣手機鈴聲打斷了我的遐想。我和製造騷擾的人四目交接，禮貌地搖頭——請不要在這裡講電話。但他自有想法，伸出傲慢的手指，與電話另一端的人開始一場生意上的緊要對話。等待他結束之時（我會給他一分鐘），我想著自己對於現代世界所負的職責實屬稀有。與這位生意人不同，與多數人不同，我沒有需要往前推展的事務，沒有需要提升進度的計畫，沒有需要建構的未來。我可以做這份工作三十年，事情仍沒有任何進展。大眾不會更確定木乃伊或廁所的位置。他們會繼續問我圖坦卡門王（King Tut）的墓在何處，也不會停止伸手拍打花崗岩石棺。沒那麼久之前，我的工作性質完全不同，被人形容為「到處亂跑」。那個生意人總算結束了電話，現場再度安靜下來，而我發現自己很高興可以待在原地。

★

大學畢業後，湯姆生病之前，我向《紐約客》（*New Yorker*）雜誌應徵工作，應徵成功時有種難以表達的喜悅。那份工作高於初階職位，感覺就像是一種認可，好像我一下子已躋身重要人物之列。那棟樓位於百老匯旁的第四十二街，當我在二十樓步出電梯，迎面看到的是一位名叫C．史坦利．萊德貝特三世的人，坐在幾乎埋在書堆下的櫃檯前。史坦利左右兩側，是彰顯企業精神的玻璃門和金色標誌。不過，要前去玻璃門之前，我必須先穿過一座奇異的當代裝置藝術，是這位具貴族風範的櫃檯人員親自設計的，每個細節都在說「沒錯，你已來到《紐約客》」。

史坦利祝我好運，然後我被領到一條廊道中，在那裡諸多編輯來回穿梭，手裡拿著「長條校樣」和「校對樣本」等奇異物品。不久我便學會打開桌上的軟體，每週目睹雜誌的形成過程：段落用斜槓刪除、文章加以強調、千百種修改意見、抗拒、強制執行。我也學到一週的韻律：週一，如此平靜。步伐將逐漸加快，直到週四衝向無情的死線之牆，週五則是高潮後的崩解。

我的桌子可以眺望帝國大廈。這與大學真的很不一樣，我想。那是個遊戲般的世界，學生手裡捏弄的黏土。這裡則和我窗外的高樓一樣，是不可撼動的、極具代表性的機構。我不會去形塑它；它會形塑我。我已經準備好被形塑成《紐約客》的知名風格。

我隸屬於一個小而算是有點風光的部門，負責雜誌的公關活動，特別是一年一度的「紐約客節」。我老闆每天早上以彩色便利貼在一塊大板子上做著夢：

Jay-Z（美國饒舌歌手）與編輯大衛・雷姆尼克（David Remnick）對談

拜訪巴瑞辛尼可夫（Mikhail Baryshnikov）的工作室

「世界探險家」活動，邀請傳奇登山家梅斯納（Reinhold Messner）、高海拔考古學家切魯蒂（Constanza Cerruti），加上深海潛水者一位（？）。

這些點子有的可以實現，有的不行。我的工作是幫忙把這些高人約過來，解決製作和旅行所需的運輸問題，然後一年裡有七十二小時，我得穿上西裝，在曼哈頓各處的展演場地扮演大人物。

「嗨，我是《紐約客》的派翠克．布林利。」我把身高一九三公分的史蒂芬．金從車子後座接出來時這樣告訴他。粉絲紛紛擠上前來，喊著「史蒂芬！史蒂芬！」那些人都是瘋子。我不一樣，我是《紐約客》的派翠克．布林利。

「麥可．謝朋（Michael Chabon），你認識史蒂芬．金嗎？」我聽見自己對年輕的普立茲小說獎得主這樣說；他不認識，需要我來做介紹。活動開始時，謝朋是第一個在台上致詞的人，金和我則從兩旁看他。謝朋念他的短篇小說時，恐怖大師不停點頭、搖晃椅子，說著「耶，沒錯。對，對。很好。對，對。喔……」就好像爵士樂愛好者在聽約翰柯川（Coltrane）一樣。身為這個場景的一部分，是如此奇異、如此美妙、如此令人飄飄然。我甚至沒想過自己根本沒讀過這兩位的書。

這本該是個警訊——我被這些耀眼的光芒刺得頗瞎。但當你沐浴在光芒中時——「你說你在哪裡工作？《紐約客》？！」——要接受這並不是你，只是他人的光芒，是非常困難的。很自然的，我在《紐約客》工作後開始動手做的最初幾件事中，包括打開 Word 檔案，試圖寫出一篇機智風趣又有都會風格的《紐約客》式文章。很明顯我是在仿造，而且沒有成功。但我沒有學到教訓，而是躲入安全的幻想之中。

我告訴自己，因為我與那麼多成就非凡的人往來，他們有那麼多人都知道我的名字，這表示我也不錯！我的名片說明此人不可小覷，所以繼續扮演下去，我就會成為那樣的人！

要等將近三年時間，我才了解到一種令人不快的矛盾。如果我做的是比較「不起眼」的工作，會在遇到觸動時便一躍而入，在想法還朦朧不清時塗塗寫寫。在這個頂尖大機構，我的思緒卻甚為狹窄，企圖心也莫名地低。我花時間試寫一段「書評版塊」（Briefly Noted）的書評，用的不是我自己的筆調，宣稱著我不曾擁有的權威性，傳達著我不確定自己是否真正抱持的意見。

同時，這份工作在辦公室裡的部分視野也不寬——說來諷刺，和博物館警衛能擁有的視野完全不同。我與同事拼湊起來的系統，讓我在一週之間不見得有四十小時的工作可做，但我遵守現代辦公室的慣例坐在那裡。同樣出於慣例，我無法在自己桌前打開一本書或來段醒腦的散步，可以做的則是浪費好幾小時在網路上閒逛，學習如何不要讀書。所以我在泥淖中陷落。不用太久，我就變成以前不曾有過的樣子——懶惰。

這是一種非常空虛的失望。我不知道大學畢業後自己所期待的「真實世界」到底是什麼樣子，但我期待能夠感到真實。然而現在我在一棟閃亮的摩天大樓中占有一張椅子，下面是曼哈頓中城的喧騰，而我這份聲譽頗高的工作絕大部分變成另一種電腦遊戲：收件匣、發件匣、寄出。

我為了休息一下偶爾抽個菸，只是為了有理由下到人行道，暫時忘卻工作上的瑣碎思慮。鴿子咕嘟，世界運轉，和我都沒有關係。我花幾分鐘抽菸，我是頑童哈克——一個脫隊的人，只想著一個更寬、更深的河灣，甚至對我能表示的意見更不關心。所以我保持沉默。然後能夠保持正常。

然後我會把菸的餘燼踩熄，回到辦公桌，再次加入所謂的真實世界，那個看不見哈克的世界與其恩典的地方。我如此做了將近四年，直到湯姆的病情惡化，我躍入那個真實世界，然後無法再假裝看不見。

★

時間又到了，我被推往下一個崗位。我輪值的三個崗位中的第三點，把我推入古代的埃及，那裡看起來可能就像你兒時認識的古埃及：用石頭雕刻的法老像顯得有些僵硬，乾淨的石柱上有著清晰的象形文字，淺浮雕呈現著諸神、祭司和皇室成員優雅的側面輪廓。我前方是新王國女法老哈謝普蘇（Hatshepsut）*11，這尊著名的坐像製作於西元前一四七〇年左右。我的兩側是龐大的女法老以跪姿向天神阿蒙-拉（Amun-Re）呈上貢品*12，這位天神正巧還是她的父親。這間展覽室的東西幾乎都來自哈謝普蘇停放棺槨的大殿，那是一座位於沙漠峭壁基部的大型建物，同時是她親愛老爹的聖域。那個神聖的空間擁有自己的神聖時間，名為「傑特」（Djet），傑特是屬於諸神的時間，也是屬於亡者的時間，這個時間掌管的是完成、不變、完美、永恆。傑特不是圓圈也不是直線，與自然和其不停變動的進程無涉。這是極簡而非自然的時間——屬於神殿、墓塚，以及我四周的物品，每件物品看起來都屬於永恆靜止的一部分。

因此，我駐守在這樣的場景，旁邊卻是一團混亂吵雜，便顯得有些滑稽了。埃及展區不時有學校團體氾濫，此時我眼前是幾十個特許小學的學童，全都穿著同款式的有領襯衫、卡其長褲，以及和我一樣的扣式領帶。他們從幼稚園到五年級都有，個子有大有小，從天真無邪到小惡魔一般，著迷於某樣展品或行進到下個目標；且他們製造的噪音無比喧鬧，試圖讓他們安靜的帶隊老師根本不是對手。我當然隨時準備應變，但不想讓任何人不愉快。這些小朋友似乎明白不能伸手觸摸，且聰明地借用彼此的背來填寫自己的答案卷。我看向哈謝普蘇坐像，發現她在嘈雜之中也尊貴地不為所動，令人印象深刻。有人以同樣的方式形容蒙娜麗莎：愈多人湧向她，她平靜的超然便愈顯哀戚。這種效果在這裡更加清晰，因為雕像本身的設計就擁有自己的生命，與觀者無關。這不是藝術品。這是一件幫助哈謝普蘇存在於「傑特」世界的器械。

我更仔細端詳王座上的女法老。她是名女性，但這並不符合埃及大眾看到的較為形式化的哈謝普蘇。在政治性的雕像中，她顯得陽剛，然而這座具有如此重要且神奇目的的雕像則毫無矯飾。每天早晨，她的祭司會打開大殿的門，讓石灰石雕像映照

＊11

＊12

到晨光。那個時刻，她（永恆的哈謝普蘇）會化身為「阿赫」（akh），一種光明的存在，與她的父神太陽團聚。（更精確的說，阿蒙-拉是推動太陽能量的力量，是看得見的太陽背後看不見的創造之力。）即使在鹵素燈下，她也發著光。對於埃及人為何打從一開始就製造出如此燦爛輝煌的物品，竟然有著神學上的明確理由，想想真是了不起。不完美的東西是無法進入「傑特」時間的。一件物品要抵達神聖的領域，就必須完美無邪，如同諸神，因此工匠在藝術發展上沒有任一個階段允許自己抄捷徑、得過且過。埃及人不惜投入大量心血，以確保物品看來不可思議又超越想像的美麗，如此才足以超越塵世且永恆不朽。看看五千年後爭相前來的群眾，不難覺得他們果然成功了。

不出所料，小孩子最想看的是木乃伊*13，發現我指給他們看的四具木乃伊都是包裹起來的時候，也十分失望。儘管如此，各種問題還是向我發射而來。

「裡面有死人嗎？」

「誰殺的？」

「誰說他是被殺的？」

「羅賓老師說他們把腦拿出來。」

「對，在他死了以後。」

「他會臭嗎？」

「為什麼他們把他包成這樣？這樣就不會臭嗎？」

「裡面是什麼樣子？」

我告訴他們，裡面的樣子看起來很恐怖，是乾癟的古老屍體，是他們能想像得到的最最可怕的模樣。我轉身指向一些瓶罐，遺體保存者把會他的肝、肺、腎放進像這樣的容器裡面＊14——那個人名叫烏荷太普（Ukhhotep）——然後我告訴他們，這樣做主要目的，是要讓他真實的身體愈像雕像愈好。因為，我說，信不信由你，埃及雕像看起來比死人更加真實——雕像更加永恆，你知道的。當然，這對於小學生來說沒什麼意思，他們理所當然對木乃伊的恐怖感更有興趣。一分鐘後他們很快離開展覽室，留下我反思著製作木乃伊的慾望有多麼醜陋，是如此死皮賴臉又無力地否認最根本的真實。身體是無法成功的。你儘管去相信一個人的某些部分可以不朽，

＊13

＊14

但很大的部分是會死去的，這無法逃避，瘋狂的科學也無法防止它的崩解。

★

在十二小時的日子，前面八小時要在三個崗位循環三次（包含休息時間）。下午稍晚時，我的區域主管交給我一個綠色便簽，寫著晚上的任務，會在另外不同的三個崗位循環兩次（包含短暫的休息）。便箋上寫著：（A）神廟，（B）神廟，（C）神廟。看來晚餐後我隸屬於丹鐸神廟組。我看了一下錶。此時辦公室的職員應該開始收拾東西準備回家——我在說什麼？今天是週六；沒有人會待在這兒。所以當我被「推」向晚餐時，員工餐廳裡迎接我的是關閉的自助餐，冷的燒烤類，以及一長排警衛和管理人員等著用微波爐加熱咖哩、義大利麵和燉菜。我抓著我的便當，找了張空桌，多拉了張椅子跨腳，盡快用餐，好打個盹。餐廳另一端充滿用餐同伴的對話。這一端則在大家的默契下為發呆或打瞌睡而保留。

我「滑」入夜班。這是最適當的形容法。身心俱疲的狀態下，我會讓剩下的時間舒緩地流過。我在神廟前半做夢地站著，讓目光停留在這裡、停留在那裡。當一個心情不錯的訪客問我是否感到無聊——這是個常見問題；應該不是因為我的神情看起來無聊——我告訴她不會，她說「很好！」便走開了。我沒機會告訴她，我幾乎不記得怎樣才會感到無聊。或許我有斯德哥爾摩症候群，但總之我覺得自己已經臣服於看守者時間的龜速運動。我無法把時間拿來花用。我不能填滿時間、殺時間，也不能把時間消磨成比較小的單位。奇怪的是，一兩個小時之下十分折磨人的情況，在更長的時間卻很容易忍受。大致上我不會把目光放在終點線。我已經適應了一種感覺上非常老式的生命步調，甚至有如貴族，在一種奢侈的抽離感中，數小時就閒散過去了（並附有適量的時薪）。

丹鐸神廟（Temple of Dendur）*15很適合作為我的背景。這是博物館的珍寶之一，八百噸重的砂岩構成的漂亮建築，在一九七〇年代由於水壩建造會導致它棲居的尼羅河岸被水淹沒，所以被帶到紐約來。博物館為了容納它，建造了一個可以欣賞中央公園的宏偉大廳，讓這座古老建築享受的空間不只有大廳內部。神殿本身和諧而不張揚，與一個獨立的入口大門配成一對，而兩者都以太陽和天空之神荷魯斯

*15

（Horus）張開的鷹翅來裝飾。外表雕刻的荷花與莎草在古時候或許塗上鮮豔的顏色，帶來漂浮於尼羅河上的印象。現在的參觀者可以跨過一個門檻，進入過去鮮少有埃及人能窺見的伊西斯（Isis）聖所；這個內部的聖堂，神聖之中的神聖，過去只限祭司入內。他們為了模仿死者，把身體和頭上所有毛髮剃光，藉此涉入永恆。而今天，一個頭髮蓬亂的大學生走進去，一個綁辮子戴首飾的女孩進去，還有她戴著漂亮帽子的祖母也進去。

我緩步走到神殿的側面，細看浮雕。我找到法老——這並不難——戴著上下埃及的雙重王冠。我不知與我同在現場的參觀者是否注意到這名法老的奇怪之處。奇怪的不是他的側身輪廓或王冠，這都很符合傳統。特殊的是他的名字：凱撒·奧古斯都（Caesar Augustus），這位征服者扮演法老的角色，但很快就會把這個比記憶還要古老的傳承給終結。建於第一個千禧年結束後不久的丹鐸神廟，是這個古老傳承的天鵝之歌。

我看看錶，時間差不多到了。外面的天空已經轉黑。神廟現在在投射燈之下閃閃發亮。八點半，我開始喊出閉館通知，八點四十五分我們關閉。我們快速四處走動，把這個消息帶給不情願的參觀者，而如果他們堅持的話，就允許再拍最後一

張，好吧，兩張照片。「淨空了嗎？」我們警衛互相詢問。「淨空。」我們與下一間展覽室的同事會合，再下一間，再下一間，人數逐漸增加，尾隨腳步較慢的參觀者退入大廳。整座建築裡的不同地方，都有類似的深藍色團塊尾隨在類似的拖著腳步的群集之後。工作完成。全部淨空。經理高舉他的手：「晚安！」

隔天早上我走進調度室，鮑伯又一次把我送到埃及。

5 來自遠方

日子堆疊，一天天之間的差異開始變得模糊，然後是週與週之間。我正式上班約六個月後的一天傍晚，有幸被派到亞斯特庭園（Astor Court）*1，這是按照中國明代文人園林風格所建的庭院。當時正逢一場傳統中國器樂演奏。在還未正式開演，樂手仍在調音時，我注視著庭園的月門及上方的題字「淡幽」，還有日門與「雅適」。我看著石灰岩庭石和小小的魚池，兩者一同描摹出中式風景，也就是中文裡的「山水」。我感到閒適，甚至帶點自我滿足，彷彿已經掌握了「雅適」的精髓。

然而接下來音樂會開始。我站在一名演奏家後面，她的樂器是古箏，這種樂器就像是把琴弦裝在琴身側面的豎琴。她的十根手指戴上八個指甲套，十指搖曳有如輕風吹拂，有時抖擻地彈跳，又如蜘蛛般輕快飛掠，流洩出的旋律是我從未聽過的，遵循著我無法掌握的節拍，各個音符似乎總比我的耳朵所預期的要高一點或低一點。我投降，放棄期待，只讓現場發生的事情將我浸透。當音樂家的手終於靜止下來時，我猜可能只過了十分鐘，但其中蘊藏了那麼多細節，彷彿一幅畫中的數千個筆觸依著時序懸掛於空中。我感到自己所知甚少，像是個被允許探索世界的新生兒。

*1

我看著音樂家收拾她的樂器，把琴盒的搭扣扣上。我看著四周的中國繪畫展覽室，急切地想要把所有期待放到一邊，以全新的眼光加以探索。想來視覺藝術真是無比慷慨，在紙面上塗抹而展開的演出，是沒有終曲的。

隔天我回到F區，遇到一幅千年手卷，作者是北宋的郭熙——生動、無瑕、大方敞開。〈樹色平遠圖〉（Old Trees, Level Distance）*2 以手卷來說不算特別大張，原圖本來的長度並不比我雙臂張開更長。但數百年來，學識豐富的歷代手卷主人陸續加上了各種稱為「跋」的讚頌文字，因此現在這幅約三十五公分高的手卷長度已經超過九公尺。首先將我吸引過去的是跋，那些筆墨書寫的文字就像筆直的柱子般排列。我沒有花時間去讀這些文字，因為，咳，我看不懂中文。但我的不懂帶來另一種好處：我可以欣賞形態多樣的美妙文字，筆畫的視覺之美不會因為語意而消失。如果一筆慵懶的蛇形算是一端，一系列快速猛烈的戳刺是另一端，那麼你總可以在某處找到兩個極端間的各種層次。我的目光落在一處，然後移到另一處，注意每一處帶給我的略微不同的印象——這些印象過於微妙而屬於純粹的視覺，難以用文字企及。像這樣的時刻，總讓我想起有太多感官經驗會從文字的裂隙之間遺落。書法家的技巧與風範，豪邁地表現出藝術創作最基本的衝動：想要為空白表面添上深色

＊2

的痕跡。

我花幾分鐘走過長長的距離，來到手卷的最右端，也就是郭熙的演出開始的地方。絲絹上的墨跡是一種嚴苛的媒材；重來是不可能的，他不能像古典大師的油畫那樣，把墨跡抹除然後在過去的錯誤上面重新畫過。我的眼睛可以追蹤郭熙在西元一〇八〇年的每一筆每一畫。他的精湛技藝無一不呈現眼前，毫無隱藏。根據郭熙之子的說法，這位書畫大家日常靜坐數小時，然後洗手、繪圖，揮手即就。如果我是在更古老的年代觀賞這幅作品，會將手卷持於雙手，慢慢捲動，讓目光隨興地在郭熙的風景間散步；只是現在的我並不需要勞動雙手。這張圖在過去一千年來予人的事物，今天也依然給予我們。我的眼睛在同樣的古老小徑上漫遊，經過坐在靜止小舟中的漁夫、葉已落盡的秋樹、小販和他們背著貨物的騾子、嶙峋的岩石、正在上山的駝背老者，從而進入雲霧籠罩的遠山之中。美得令人心頭緊繃。郭熙論述，山水畫能讓人從日常的「塵囂韁索」解脫，與「猿鶴飛鳴」之地親近起來。然而我並不需要感覺自己被傳送到真正的自然。身置這幅畫中，清楚感知大自然與畫家心靈的融合，已讓我感到愉快。郭熙本人讓我感到親近，比任何猿猴或飛鶴更親。

這幅手卷不管用眼或用心都是看不完的，因此我飄到更深沉的寂靜中，試著沉浸於這個滿溢著的世界。

★

隨著時間過去，我發展出一種接觸藝術的方法。我抗拒誘惑，不急著從一件作品中快速抓取某種突出之物，也就是讓教科書作者聚焦的「重點」。追尋特色相當於忽視其他更大的部分。哥雅（Francisco de Goya）畫的肖像畫之所以美，不僅因為他獨有天賦的特出，也包含色彩之美、形狀之美、臉龐的漂亮和頭髮的捲曲——簡言之，是因為這個可敬的媒介納入了我們豐富綺麗的世界裡的各種因素。每回接觸一件作品的第一步，都應是什麼也不做，只是看，讓你的眼睛有機會浸潤吸收那裡呈現的東西。我們不應想著「這好」或「這不好」，或「這是巴洛克風格，代表這個、這個和那個」。理想上，剛開始的一分鐘裡，我們應該什麼都不要想。藝術需要時間來對我們展演自己。

作為B區（古典大師）的警衛，每當鮑伯把我送到I區（十九世紀繪畫）時，我都會嚇一跳。在我腦袋中，拉斐爾、提香和林布蘭所在的展區與莫內、竇加和梵谷的展區之間具有友善的對抗關係。一天中至少一次，會有參觀者來找我，對耶穌畫像顯出不贊同的表情，並提出諸如此類的問題：「蓮花？向日葵？有沒有任何印象派作品？」然後我便有義務給予一長串曲折的路徑指示，讓他們通往博物館的另一端，相當於幾個街區之遙的地方。我並不羨慕這些參觀者的品味。但因此有時我對他們鍾愛的印象派不是那麼公平，尤其是莫內，他的畫是那麼漂亮，而我懷疑他的畫就是漂亮而已。然後我想起觀看藝術的第一步，因此決定給那些畫一次機會。

那是週五晚上。與我共享展覽室的是一些睡蓮*3、一些乾草堆*4，還有幾個會待到閉館的死忠粉絲。這些乾草堆屬於莫內的系列畫作，是在不同季節與一天中的不同時間畫的。我打呵欠，可以了解這些練習的作用。一天中的這個時間，即使是在室內，所有事物也顯得較為放鬆，這些畫本身似乎也準備好要休息了。這是忙著叫喊「請後退！」和「請不要用閃光燈！」的一天；在這個受歡迎的區域總是如此。不過剩下的幾個訪客安靜自律地參觀。於是我有了機會正視一幅莫內的畫，看看是否能帶給我什麼。

如果你想知道某件事物是否有趣，可以看它是否讓你發笑。如果你想知道一幅畫是否美麗，可以看它是否引發你心中相應的反應，那種反應與笑一樣確實，但浮現時通常更加安靜而悄然。我站到一幅名為〈夏日的維特尼〉（Vétheuil in Summer）*5的風景畫前，近到足以占滿我的視野。我覺得自己的眼睛可以把這個虛構的世界作為真實的來接受。我看到一個村莊和一條河，村莊的倒影停留在河水中，只是在莫內的世界裡，沒有真正的陽光，而只有色彩。莫內把陽光的顏色四處塗布，像是他那小宇宙的慷慨製作者。他在畫布上塗布、潑灑、黏綴，如此高明，讓我無法把讓那粼粼之光停下來。我看著這幅畫良久，它隨著時間變得愈加豐富，且不打算終止。

我了解到，莫內畫下了這個世界無法以視覺加以馴化的面向——即愛默生（Emerson）所說的「閃耀而晶亮」，在莫內手下呈現為百萬個小點聚成的倒影，在水波裡搖晃消融。這是古典大師很少能夠納入自己象徵體系中的美，也是我們井井有條的心智通常不讓我們看見的混亂與燃燒之美。通常我們環顧四周尋找有用的資訊，對於不合時宜、可能掩蓋有用資訊的大量刺激，則加以削弱或忽略。莫內的畫把那些較為罕有的片刻喚回腦中，在那裡，我們捕捉到的所有分子都是有意義的——不管是輕風、鳥兒啁啾、小兒無意義的喋喋不休，都是有意義的——然後你

*3

*4

*5

能夠愛著這個片刻中的一切，甚至能感受到其中的神聖。

當我感受到這樣的事情時，覺得胸口有種令人暈眩但明確的振動。我想像類似的感受讓莫內拿起畫筆。而在這幅畫中，他把這份振動傳給了我。

★

終於，我鼓起勇氣，決定來一次加班（警衛叫它是「加倍日」，因為薪水加倍）。目前為止，我擔心雙腿過度操勞，不該讓他們多承受八小時我的體重。以體力活來說，站立雖沒有什麼難度，可是身體一旦受夠了時，會很直接地讓你知道。這種抱怨不會消失，但我已經比較懂得如何無視。所以我把名字填入加班名冊中，然後在某個週一被招去上班。

博物館週一休館，在沒有大眾走來走去的狀況下，大都會的員工紛紛從原本的躲藏處出現。大都會僱用的員工超過兩千名，這天可以看到很多人自信且自在地現身。策展者站在展覽室中央，商討哪樣東西要放在哪裡。技師把裝了藝術品的箱子推來推去，不用擔心被人撞到。裝配工花幾個小時計畫如何用繩索與滑輪把雕像吊起來，修復師信任地在旁觀看，神情輕鬆。四處都可聽到剪刀式升降台移動時發出的嗶嗶聲，駕駛者眾多，包括電工、空調工程師、使用滾筒的油漆工。有些員工在休假日過來，善用員工福利，帶一兩個人進來參觀。策展人帶領握有大筆資金的贊助商和重要貴賓穿過博物館的同時，警衛和管理人則帶領自己的爸媽進行巡禮。

目睹這看似笨重龐大的機構充滿變化的模樣，實在過癮。大都會的收藏品超過兩百萬件，平均一件物品只有約十分之一平方公尺的空間，所以同一時間只有一小部分的收藏品展示出來。十七個策展部門大致上獨立運作，在各自不同的限制中發揮。②美國藝術、埃及藝術、希臘羅馬藝術部門很幸運，儲存區域是看得見的，物品塞入玻璃櫃中，大眾仍可欣賞。其他部門則沒有這麼幸運。服裝部把有限的空間保留給半年檔期的展覽，根據設計師或主題來決定展示的服飾。繪圖及印刷圖片部門必須利用走廊（雖說是條非常長的走廊），時常更換內容，原因還在於有些作品容易被光破壞。現代與當代藝術部門有幾件必須以特殊方法容納的大型作品，像傑克遜．波洛克（Jackson Pollock）那種尺寸的畫布和裝置藝術，也就只能展示少少幾件。還有，比

② 這裡提到的幾個大都會運作方式的細節，包括策展部門的數量，到此時已經有所改變。而等讀者讀到這裡時，可能又有不同了。

起其他同事，比如說古代近東藝術部門，當代藝術策展人更需要與時俱進。整體加起來，大都會各個部門每年策劃的特展達到三十個，有的規模很大，包含從世界各地借展的作品，有的規模較小，只占一兩間展覽室。簡言之，永遠都有新的東西可看。

在晨間崗位上，我看到約十五名新進警衛聚成一群，在保安經理的帶領下進行參觀。他們穿著便服，因為這是課堂訓練的第一天。保安公司每四到六個月便需要新人加入。這不是因為人員汰換率特別高——在資深警衛之間，如果有人在屆滿退休年齡前就離職，都會被注意到——而是因為我們是博物館最大的部門，約有六百人之強。經理克魯茲先生本人在升職為經理之前，也曾是名警衛，然後轉到調度室，然後得到一間樓上的辦公室，在那裡理當做出更高階的決策。這一週，他將帶著新警衛進行一場場說明會，包括安全規範、緊急事故準備、消防安全、法律上的權利和權力，還有大都會博物館的歷史和收藏——他自己曾是藝術學院的學生。

從他們檢視手上地圖的方式推測，這些可能即將成為我同事的人是第一次認識大都會的展覽室。要成為博物館的警衛，並不需要藝術或保全相關背景。你只需要看到求職訊息，參加說明會，具有不管哪個領域的可靠的履歷表，並在面試時表現得體。就算你有擔任警衛的親戚朋友，也不會讓你特別受青睞；不過這通常是申請求職的人得知工作機會的途徑。數十年前，紐約的阿爾巴尼亞、圭亞那和俄羅斯族群中有幾個人在這裡找到有所得的工作，自此之後這消息便在他們的網絡之間傳開來：這是穩定的工作、有工會、起薪低、加班費高、福利優等等……。至於對工作內容好壞的描述，我不能代替任何人發言。有的警衛覺得還能忍受，有的覺得很有啟發。

幾分鐘後，這群人離開，我被獨自留在非洲藝術區——真的只有我一個人，因為星期一時各個崗位之間的距離比平常遠。這是探索這個展區的機會，而我首先走向貝南（Benin）的著名寶藏。大約在米開朗基羅畫著西斯汀教堂（Sistine Chapel）、錫南（Mimar Sinan）建造伊斯坦堡著名清真寺的同時，貝南的藝術家以象牙和黃銅創造，幾百年來都被認為難以超越。貝南市在當時已有七百年歷史，坐擁六十八個皇家專業工會，包括陶器、編織、建築、黃銅鑄造、象牙雕刻，以及大象狩獵。

從一段距離之外，我可以認出伊迪雅（Idia）強而有力的形象。那是古貝南王國王母的面具，以一片薄薄的象牙製作。＊6 伊迪雅培養了一支軍隊，幫助兒子艾希傑

＊6

（Esigie）贏得王位，並培養另一支軍隊把他的王國往北擴張。這張呈現她頑強臉龐的面具，是一種獨特的作品類型：首先製造出強烈的第一印象，然後持續地觀看，便發展為一種標誌性的形象。在大都會有許多國王與王后，但這副面具或許是表現皇家威儀與莊嚴上最不可磨滅的形象。

我花了很多時間看著伊迪雅，猜想有一天她將不再逗留於這個展示櫃中。在某個好日子裡，我相信戴著乳膠手套的技師會將她從這個展示座上解放，帶到地下室中標註著「管制區域，僅限授權人員」的地方。我指的不是儲藏室，而是註冊室，在那裡包裝人員會把物品放入量身訂製的箱子中，然後箱子再被送到裝卸處。也就是說，我預期伊迪雅會被送往貝南市正在規劃中的新博物館，地點在今天的奈及利亞。一八九七年，英軍掠奪貝南市，再經過幾次不怎麼正大光明的交易後，伊迪雅來到大都會。作為一名警衛，我對文物返還的議題沒有專業見解，但還是可以說我們沒有人想像個獄卒一樣，對於返還理由充分的物品緊抓不放。而至少在此時，面具仍存放於國際都市的公開收藏中。談到西非，我腦袋中就可以想到來自奈及利亞、迦納、多哥、布吉納法索和喀麥隆的警衛。

只要一轉身，我便越過一千五百公里，來到中非。這裡展示著一些木製法力像。

雖然一開始不曾察覺，但我愈來愈覺得這裡的雕像或許是整間博物館裡最令人讚嘆的。隨著經驗，我漸漸了解有些藝術品看愈久愈有收穫，有些則較少，而一開始通常猜不出誰屬於哪一類。有很長一段時間，我反思自己到底是從何時開始懷疑這件雕塑與眾不同的。如果不是策展人把它放在較高的台座上，我也能做出同樣的判斷嗎？只有經過漫長而孤獨的觀看後，才讓我確定，沒錯，就是它。

這是一尊「恩基西」（nkisi），是一種法力像，製作者是松耶族人（Songye），屬於今天的剛果民主共和國。*7 這尊像的雕刻時間早於一九七〇年，更準確的時間不詳。這尊像的高度約一公尺，看起來像個小人，但並不是人；「恩基西」其實不屬於我們的世界。其腹部膨脹，彷彿懷孕，手臂和胸膛因膏油而顯光滑，頭上戴有毛皮和羽毛的頭飾，有一張形如盾牌般突出的臉，巨大的頭擺在如同彈簧般的脖子上。這尊像的誕生經過許多人的手。村中長老們委託製造這尊像。村人仔細挑選適合的樹並砍下。雕刻師造就恩基西的形象，而聖人「恩剛加」（nganga）為它添加一種

*7

稱為比辛巴（bishimba）的草藥與魔法物質。完成時，這尊像的法力強大到不能用手拿，必須用在長棍子末端綁上酒椰纖維製作的繩子，用繩子套住手腕來移動。它會在遊行中被送往某個神聖居所，由一名村中男性在那裡持續照顧。這名男性會在夢中為村人接收重要訊息或警告，有時也可能透過靈體附身來得到訊息。

現在看著這尊恩基西，其背後的故事竟在相當程度上呈現眼前，讓人感到震動。它的手腕上仍繫著酒椰繩。口中那團東西是比辛巴（同時也放在身體內的腔穴中）。因為塗抹了棕櫚油和動物血製成的膏油，整尊像看起來溼溼的。在這一切之上，我還可以看到，為了使恩基西具有魔力，雕刻者達成了神乎其技的幾何雕刻。我了解到，這名雕刻者面對的是無比龐大的挑戰。與郭熙的手卷或莫內的畫不同，他的雕像並不是在模仿或描繪任何事物。這尊像並不是要看起來「像個」具有神力之物；它「就是」神，也因此必須呈現出存在於普通人無法跨越的斷口另一邊的模樣。它必須類似新生兒：不是在模仿或覆述另一樣東西，而是嶄新的、不可思議的、自我宣告的整體。

繞著這尊充滿力量的像行走，我只能折服於雕刻師的成果。偉大藝術的奇蹟在此展現，為世界增添了一份嶄新的美。我不只佩服，還受到感動。恩基西的眼眸輕輕閉

著，具有強大的內斂氣息，彷彿正集中意志，對付迫近中的危險力量。這尊像本來是要保護松耶人對抗不斷而來的困苦：暴力、不幸與疫病。它沒有打贏這一場仗，但這意志本身是動人的。在龐大的艱辛之中誕生，必得要如此壯美才能得勝。

6 血與肉

「畢卡索來到大都會美術館」是我參與的第一場熱門展覽。這是個締造紀錄的展覽，有些日子甚至吸引超過一萬人參觀。展覽從一九一〇年一幅青少年時期的自畫像[*1]開始，而在十幾間展覽室之後作為結尾的，是從八十七歲的藝術家僅用兩百七十天便完成的三百四十七張系列版畫之中選出的作品。[*2]誰料到大都會竟擁有幾百件畢卡索——畫、陶瓷、雕塑、繪圖、版畫——每次都只有一小部分拿出來展示？事情到現在才揭曉。

我的同事大部分都不喜歡「秀」——這是我們對特展的叫法。「簡直像馬戲團」，有人如此發牢騷。在「秀場」工作，就是要管理沒完沒了的推擠和嗡嗡低語，對向來站在莊嚴堂皇的B區的警衛來說，實在是惡夢。不過我是例外。此時我感到某種魔術般的氣氛——展覽室裡充斥的能量、參觀者感到超越期待或感到困惑、人們小聲叫著「藍色時期！」——我告訴展區主任，可以盡量把我安排在特展裡面。他同意，這樣子每個人都開心。於是在四個月之間，我便在畢卡索寬闊的腦袋中待了兩百個小時。

＊1

＊2

某個週日，我的崗位在高約一．八公尺的〈演員〉（The Actor）*3 前面。這幅粉紅色時期的作品不久前上了新聞。幾個月前，一名不幸的參觀者跌倒撲向這幅畫——不是這名參觀者的錯——在畫的右下角造成一條約十五公分的垂直撕裂傷。這幅畫現在已經修復，以玻璃保護著，但我看到參觀者傾身靠近去瞧那道隱約的傷疤時，總會不由自主地緊張。現在，請想像展覽室擠滿了努力占位觀賞畢卡索畫作的人，也想像用來把作品和群眾隔開的護城河般的狹窄通道。在展覽室的另一端，我注意到一名男士愉快地進犯這條狹窄通道。我揮手，雖然引起他的注意，但他不知如何解讀我請他往後退的啞劇，所以選擇過來跟我說話——說話本身是沒問題，除了最短的路徑就是那條我試著要他避開的窄道。他大喇喇地向我走來，肩膀立刻撞上框著畢卡索〈白衣女子〉（Woman in White）*4 的畫框。

那幅靠銅線從天花板懸掛的畫搖擺了一次，兩次，三次。當恐怖的擺錘運動終於停下來時，我覺得自己彷彿經歷了一次地震，整個現實彷彿暫時失去根基。有人直覺叫出「天啊」，人群從那人身旁退避，而他舉起雙手，我猜是在看我是否會將他逮捕。我叫來區域主任，最終被告知畫作絲毫沒有受損，也沒有受損的危險。但我不知道。當你剛目擊了邋鞦韆的畢卡索，很難相信一切真的沒事。

★

幾週後，我又受到另一次驚嚇。我等候自己的崗位通知時，翻開《紐約時報》，讀到巴黎發生了藝術品竊案，遭竊的有一幅畢卡索、一幅馬蒂斯、一幅布拉克（Braque）、一幅萊熱（Léger）和一幅蒙迪利亞尼（Modigliani）。似乎有一名單獨作案的竊盜在夜裡打破一扇窗（後來警方得知，他實際上很有耐心地連續花了七個晚上對付那扇窗），然後帶著價值一億美元的現代藝術消失在巴黎十六區。這是又一次提醒——彷彿我真的需要提醒似的——博物館並不像乍看之下那樣對混亂免疫。博物館不是鎖住的金庫，是由人構成的；而只要仍是由人所構成，就必須面對人所帶來的弱點和詭計。

一天下午，我在希臘羅馬展區站崗，一位老前輩懷特海先生指著一個看起來很尋常的希臘大理石頭部。[*5]「你知道這是誰嗎？」

*3

*4

*5

我不知道。

「赫爾墨斯。」他說：「你知道他為何會出現在中央車站的寄物箱中嗎？」

我也不知道。

「讓我來告訴你。那是我在這裡任職前不久，應該是一九七九年。我聽說那是個沒什麼特別的日子，除了那天城裡有圖坦卡門展以外——那是我們最大的秀，你可以去查。那是不是原因之一，我也說不準。我所知道的，只是有個可憐的警衛在希臘展區轉了個身，然後一個基座就空了，而他很確定那個基座之前不是空的。過幾天，來到二月十四日情人節。警方收到一個線報，說如果他們在找赫爾墨斯——順帶一提，他也是竊賊之神——應該會有興趣到中央車站的某某號寄物櫃看看。所以警察鳴著警笛去了，撬開寄物櫃的門。當門大大地敞開時，他們確確實實地就瞪著這雙空洞的眼窩。」

我們兩人都看向那雙眼窩。

「這還不是最奇怪的部分！看這裡，左眼上面……這個位置一直都有一個小小的心形刻痕，沒有人知道是誰或為什麼造成的，是意外還是什麼緣故；總之那痕跡一直在那裡，搞不好已有幾百年。然後……」懷特海沒有必要地壓低聲音：「赫爾墨斯回到家後，被發現右眼上方出現了另一個心形刻痕。樣式相同。新刻出的對應的心！我發誓，布林利先生。你可以去查。」（後來我真的去查了。他說的是真的。）

我問他第二個心是怎麼出現的。

「我猜想事情的經過是這樣。某個傢伙帶了女朋友到大都會約會。她看著這裡的赫爾墨斯，看到那顆心，說了類似『好可愛！』的話，然後那句話留在那傢伙心裡。然後情人節即將來到，但他還沒準備好給她的禮物。他記起有個小小心形刻痕的雕像，回到博物館，偷了它，而因為他就是那麼傻，刻了成對的心形，再把它放到禮物盒子裡。於是，她拆開盒子上的小蝴蝶結，打開她的禮物，脫口叫出白痴，或許是至今仍適用於他的稱號，然後一小時之後，頂多兩小時，警察就收到匿名線報。」

在下個休息時間，我立刻去了大都會的研究圖書館，用「大都會藝術博物館」、「竊賊」、「偷竊」和「警衛」等字彙去查詢舊報紙資料庫。並沒有出現藝術竊盜那樣令人血液奔騰的事件。我被問過至少五次關於《天羅地網》（*Thomas Crown Affair*）的問題——在這部發生於虛構的大都會博物館的電影裡，警衛會揮舞電牛棒。（「不予置評」，我如此作答。）雖然在現實生活中，這裡不曾有過電影般的事件，卻仍發生過幾件事，為這所堂皇的機構添加了另類而不那麼堂皇的歷史。

我能找到的第一名竊案發生在一八八七年，當時一名看守的人有了「驚人的發現」：有一個展示櫃被人用工具撬開，裡面的古賽普勒斯金手環[*6]不翼而飛。賽普勒斯藝術是當時還年輕的博物館中唯一真正值錢的收藏，而且環繞著許多爭議。在此我看到一位迪克遜·D·阿雷先生（Dickson D. Alley），是我所知最早的大都會警衛；他出現在一篇新聞中，報導指稱大都會首任館長路易吉·帕爾瑪·迪切斯諾拉將軍（General Luigi Palma di Cesnola）牽涉詐欺事宜。（這位擁有精彩人生的將軍出生於薩丁尼亞王國，成為美國南北戰爭時的北方軍官，後來又成為美國駐賽普勒斯領事。）根據阿雷先生的說法，在博物館於一八八〇年搬遷到永久館址時，他被交付一項工作，是把古賽普勒斯的陶器從盒子中取出清洗（我從來沒被要求做這種工作）。他吃驚地發現有些陶器很明顯是仿作或變造過的，因為顏色很現代、可溶於水，而且會隨水流走。然後他被交付了一尊古代陶俑的身體，要負責從一堆可能的頭中挑出正確的頭。結果最接近的配對還差約零點三公分才能安裝，但迪切斯諾拉將軍毫不在意，據說他命令人把陶俑的脖子削細，好讓頭可以裝上去。後來當阿雷先生坦率地回答有關這起「修復」事件的問題時，因遭報復而被解僱了。

我找到的下一篇文章是一九一〇年。那年，有個人走進紐約柏威里街的一間當鋪，身上帶著一尊埃及的塑像。「我這兒有個黃銅做的東西想換點錢」。《紐約時報》引用他的話說：「我不知道這值多少，因為這本來是我姑姑的東西」，不過她「很識貨，她買的東西最後都發現很不錯。」當鋪老闆看了看這尊兩千五百年的物品，咕噥著說：「依我看，這種手工會降低黃銅的價值。」他給了這個人五十美分（根據刑警的說法，足夠「買五份威士忌或十杯啤酒」），後來這個竊賊賣了他的當票，多換得一毛錢。警察當時已經在注意這件竊案，在他們例行的當鋪尋訪中看到這尊塑像。今天，這位女神奈特（Neith）*[7]（她的名字的意思是「可怕的」）在埃及展區中重回大眾的目光之下。

一九二七年有五張繪於十七世紀的微小畫遭竊——這次很確定是內賊所為，因為行竊者用了萬能鑰匙。一九四四年，一幅十四世紀席耶納畫派（Sienese）的作品*[8]從

＊6

＊7

＊8

螺栓處被撬離牆上，後來又被匿名寄回，木板斷裂成兩半。一九四六年，一名竊賊帶著兩把螺絲起子、一支鎚子和兩支手電筒，把一張土耳其毯子藏在外套下，而老資格的警衛丹・多諾文（Dan Donovan）認為「那個突起看起來很可疑」。

一九五三年，大都會的警衛發起罷工，正好發生在英國首相老威廉・皮特（William Pitt the Elder）的瓷器肖像從放置處被竊之後不久。糾察的警衛站在宏偉的大理石入口階梯上，穿著華麗的古裝。一名穿著閃亮盔甲的騎士舉著牌子，上面寫著：「連我的薪資水準都屬於中世紀；中世紀文物支付我的中世紀薪資。」

一九六六年有兩起事件。第一件是穿雨衣的男人偷了一幅庚斯博羅（Gainsborough）③的畫[*9]，但在警衛追趕時丟棄。第二件是紐約布朗克斯（Bronx）的一名菜販在莫內的〈維特尼一景〉（View of Vétheuil）[*10]戳了個洞，原因不明。

一九七三年，博物館成了一起竊案的「接受方」。大都會的館長主持購買一個尤夫羅尼奧斯（Euphronios）所作的華麗希臘聖餐杯[*11]，而這個聖餐杯顯然是被分為許多塊，各自越過不同國境走私而來的。這個被暱稱為「火鍋」的聖餐杯成了《紐約時報》黑手黨記者多次曝光報導的主題，最後在二〇〇六年被送還給義大利。

一九七九到八一年是一段很糟的時間。首先是赫爾墨斯的頭被竊。一年後，幾名青少年利用一個衣架，從一個設計低劣的展示櫃中把拉美西斯六世（Ramases VI）的戒指*12給勾走（後來有一名珠寶商試圖以歸還戒指來勒索博物館時，這些青少年也循線被抓）。就在竊賊遭逮捕的前幾天，博物館才剛宣布竇加（Edgar Degas）的兩座青銅像遭竊，隨即又收回此消息。據稱這起事件「是個烏龍」，大都會的人員承認這兩座銅像一直都在儲藏室。最後，一名清潔人員上報玻璃櫃中有幾件小物品失蹤，包括一對凱爾特（Celtic）錢幣*13*14和古老的衣服金扣*15。結果這名表面上眼尖的看守者就是竊賊。

之後，事情有了令人刮目相看的轉折，保安部門重整並洗清了自己的信譽。我生於

③那幅畫後來被重新鑑定為湯瑪斯・庚斯博羅（Thomas Gainsborough）的外甥暨學生庚斯博羅・杜邦（Gainsborough Dupont）的作品。

*9

*10

*11

*12

*13

*14

*15

一九八三年，從我有生以來，大都會不曾發生過任何一宗竊盜事件（除了在一間自習室裡曾有幾張棒球卡遺失）。這是了不起的成就，要感謝我的前輩和同事的重要貢獻。大都會每年迎接的參觀者接近七百萬人次。這比起洋基、大都會、噴射機、尼克和布魯克林籃網隊的觀眾加起來還多，也比自由女神像或帝國大廈的參觀者多。是少於羅浮宮或中國國家博物館，但重要博物館的名單也就這幾間了。大都會博物館的參觀者中約有一半來自海外，而美國參觀者中，又有一半來自紐約以外。大都會採「自由付費」政策，④所以費用不會帶來限制，許多人會花一天時間待在博物館，就像去大型公園郊遊一樣。整體來說，大都會博物館吸引的觀眾符合「大都會」之名，是非常多樣的群眾，他們為了各種不同的理由來到這個大都會，同時也是最吸引人潮的場所。

身為非本地出生的紐約客，我記得自己第一次在這裡「看人」的經驗。工作的人、時髦的人、本地的異類，全都走在同一條人行道上，沒有人看起來遲疑。沒有人表現怯懦。或許有人顯得疲累、困倦或焦躁，但從來不會表現得不自在、畏縮或自我防備。簡言之，他們毫無被人觀看的感覺，而這種「人群中的孤獨」的氣氛，讓紐約客成為觀看往來人群的理想對象。大學時，我偶爾會坐在大都會博物館外的石階上細看第五大道上川流不息的人潮，不經意花了許久時間。當我看夠了時，就會轉向走進大都會的大門，加入人群，與我剛才觀察的人群一樣擁擠而漫不經心。站到一旁……融入……站到一旁……融入……這是城市居住者的呼吸。

作為一名警衛，我在站崗時並不融入經過的人群。我或許融入擺設，但絕不會融入人群，我是盛大慶典旁不動搖的觀者。坐在公園長椅上一兩個小時是一回事，在安靜的房間裡與很快遺忘的陌生人一同度日又是另一回事。對這種親密感，藏身於托盤之後的餐廳服務員想必也很了解；只是我的出現並非偶然，這是我的主要職責。

參觀者體驗博物館的方式各有不同，但有幾種典型。和所有事情一樣，觀看人群的技能也是可以提升的；一旦我決心要掌握這項「藝術」，便開始學會在每天看到的數千個例子中挑出足以為範的角色。其中有「觀光者」——一個爸爸穿著印有學校名字的防風夾克，頸子上掛著相機，專找最有名的作品。他對藝術並不特別感興趣，但不表示他對眼前的東西視若無睹。事實上，他好幾次大聲說「看，光是畫框就這麼

④可惜的是，從二〇一八年起，這項政策只適用於紐約州的居民了。

美！」時，正在古典大師展區欣賞著那裡的工藝技巧。他也會仔細聆聽自己孩子解說世界史課堂中學到的相關知識。但當他得知大都會沒有收藏任何達文西的作品時卻驚訝而失望——他認知中的大都會是某種藝術名人堂。話雖如此，他離開時仍感到振奮愉快。

然後有「恐龍獵人」——一個媽媽，頸子上掛著自己的幼兒，窺視四周，每看到一件新作品，就驚恐地發現這間博物館只有藝術作品。這是他們第一次來到紐約，對她和家人來說都是件大事；他們住在知名景點的昂貴旅館。而她假定有名的博物館就應該有霸王龍或互動式雷射展示或某種適合給小孩玩的東西。但她決定要盡可能從這裡得到最多收穫。一名警衛把她拉到一邊，建議他們去看木乃伊和穿著閃亮盔甲的騎士。這名警衛對自己的小孩說了些胡言亂語，然後把他們趕走，而她走開時已準備告訴別人紐約人其實是很和善的。

「愛人」則有三個明顯不同的類型。首先是「愛藝術的人」——安靜、看起來目標明確，來自別的城市，來看一場《紐約客》雜誌上詳盡介紹的展覽。她的臉沒什麼表情，但在展覽室中有如諸多兔子之中的烏龜般一寸寸前進的她，胸中可是波濤洶湧。然後有「愛大都會的人」，在地人，從他有記憶以來大都會就是屬於大眾的教堂。他年少時每次來此都要花幾塊錢入場；現在他可以一躍加入基本會員。儘管他的職業不涉及偉大思想或美的事物，但他住在這個城市，因為那些思想與事物在這裡似乎都唾手可得。最後則是「戀愛中的人」，如鳥兒撲翅般穿越各個展覽室，然後降落在即使寂靜也不顯尷尬、強烈的情感都顯得自然的空間裡。

有幾種不同的參觀者都會忍不住伸手去摸雕像＊16＊17、石棺、古董椅子，還有所有帶抽屜的東西。大體上來說，人們都自制地不碰觸畫作，但遇到其他東西就忘光規矩了。如果你在大都會裡採集指紋，會得到數不清的嫌犯。有些人就是無法按耐，冰冷的大理石召喚著他們，讓他們甚至在意識到之前就已經伸手撫摸了。另一些人則先盯著目標在心中盤算，他們的身姿透漏出過於明顯的目的性，讓我能夠偵測背後的意圖，跳入干涉。最後則是根本不知道規矩的參觀者，從沒想過關於古老脆弱的藝術品的各種問題都會得到同樣的答案：「別碰。」某日我阻止一個中學小子爬到古老的維納斯雕像膝上時，他道歉了，若有所思地看著周遭：「所以這裡所有破掉的

＊16

＊17

東西……」他觀察著一整片缺了頭、鼻子、手腳的古老雕塑*18，問：「都是在這裡破掉的嗎？」

也有某些難以歸類的人吸引了我的注意。有個老人倚在自己的助行器上，整個人側彎過來，為了努力觀看而氣喘吁吁，而他的妻子低頭在他耳邊細語。為了想要保存一些精力而不得不放棄觀看的丈夫，她仔細描述中世紀聖物箱，長達好幾分鐘。結束後，她幫他扶正身體，然後他們繼續緩步前進。

在美國藝術展區的噴泉，有個媽媽交給孩子兩枚硬幣：「幫自己許一個願望。」又說：「另一個願望幫別人許，要跟你的一樣大。」我從未聽過這種說法，但立刻知道將來我也要對自己的孩子這樣說。

有兩位年長的白髮婦人，穿著一模一樣的服裝。仔細一看，她們是同卵雙胞胎。再更仔細地看，兩人之間有個差別：一個人領口繫著蝴蝶結，另一個沒有。

有時候，我會望著這樣的人一兩分鐘，然後會發生不可思議的事情。那位參觀者忽然轉身，向我走來，問我問題。

★

某個下午，我站在早期文藝復興展覽室，看著一個人看似感到驚喜。他凝視著杜奇歐（Duccio）的〈聖母與聖嬰〉（Madonna and Child）*19，看著聖母頭紗的美麗皺摺，充滿韻律，如此精美。他轉向我。「這些畫……」他說著，掃視這幅小巧傑作。「是不是……」他停住。「是不是……」他甚至不確定自己是否有一套說法。「是不是……在洞穴裡找到的？」

這位男士穿著得體，中年，信仰虔誠——他如此告訴我；而他完全不知道有如此古老的基督教繪畫留存至今。他很難相信這些看起來如此鮮豔的畫已有七百年歷史，尤其是在我解釋這幅畫所用的顏料是以研磨過的菜、蟲子和石頭與蛋黃混合而成之後。他對此感到頭昏目眩。「所以這畫被發現的地方是不是……洞穴？」

不是的，我說。這些畫作是由一代一代的人傳下來的，神職人員交給神職人員，從

*18

*19

僧侶到僧侶，買家到賣家，通過各種途徑，直到最後平安抵達博物館的收藏之中。

「那麼繪畫者是……神職人員嗎？」他問。

我告訴他不是。大多數是由像勞工般的藝術家和勞工般的助手，接受富有贊助者或教堂的委託而畫。顏料必須經過研磨和熬煮，金子要打成金箔，木頭畫板要裁切處理，設計構圖要注意平衡，先打上輪廓草稿，再把顏料一筆筆小心審慎地畫上去，一層又一層，一天又一天，帶有一種中世紀的耐性。

「那為什麼這人看起來是這種樣子？」他進一步提問，意思是看起來有點怪。

我說，這是個好問題。（當時必須邊想邊說，因此以下的敘述大半是重新釋義的版本。）「在很長時間中，藝術家不太注重把東西畫得像照片。一件事情是，他們從未看過照片，也不曾想過照片的存在。另一件事情是，他們畫的通常是天使和聖人等等，要捕捉這些形象，在精心設計、美得近乎符號的表現中，似乎可以做到最好。這些美麗的近似符號可以達成任務。不過呢，這張杜奇歐的畫，畫出來的時間是在文藝復興早期。那時的人正對「人」產生新的興趣：關於人長得怎樣、在想什麼、能做到些什麼、有什麼樣的生活與夢想。這些是新的東西，因為之前傾向於把人看作是有罪的、墮落的生物，只是暫時被放在這個塵世上一小段時間，死後再提升到更高的世界。」

「因此，文藝復興的藝術家必須找出新的做法。或更正確的說，新的看法。這些方法把注意力放在看得見的世界——物體的表面、野花、我們的身體、我們的臉——但同時又要傳達出他們對神聖和諧與高低階層的信仰。令人敬佩的是，他們成功了。他們學到的平衡構圖、讓稍縱即逝與永恆不滅的事物和諧共處的方法，影響了今天你我如何看見世界的方式，影響了世世代代的藝術家。我們現在看到的，正是這趟旅程所邁出的第一步，腳步還有些生疏，但我覺得非常新鮮也非常美麗。」

在我整段不流暢的解說中，這名男士飢渴地聆聽。這種人很少見，不假裝有學問也不在乎被嘲笑，把腦中的大門敞開，迎接新想法的大批湧入。這一整天最讓我敬佩的，就是他的開放態度。這位男士向我道謝，離去。從這一刻起，我變得總是留意像他這樣的人。

他是個聆聽者。其他人是說話者。還有其他人是還沒想好便把話說出來的人。有位女士對我緩慢地說著獨白，帶著如此的努力、謹慎和認真，我幾乎連動都不敢動一下，生怕打破了魔咒。

「這些天才畫家……」她仰望〈安地斯山脈之心〉（The Heart of the Andes）[20]的遼闊風景，一邊說著：「你看他們畫得如此之美……你看那些人把事情做得多好……而他們的作品會伴隨你幾個月、幾年……你會回想……那幅畫把你帶回心情放鬆的地方……了不起……這不是就著照片來畫的……他們只是觀看……然後畫下來……」

我告訴她另一幅美國風景畫〈牛軛湖〉（The Oxbow）[21]，她答道：「讓我來仔細看看。」

一般人對警衛說話的方式，與對穿著更高級西裝的更忙碌的人的方式是不一樣的。當他們喜歡某個展覽時，會移向我們，問我們是否看過比這更美的東西。當他們覺得某件作品根本是假裝成藝術的狗屁時，對我們投來的目光就像在說：其他人還以為這是什麼藝術，只有你我除外。我想，應該是制服裡的某種東西——比如一種帶著寒酸的文雅氣息——讓優渥和勞動的族群同樣感到共鳴。再加上我們無欲無求。如果我們在領子上別有庸俗的「有問必答」徽章，我相信參觀者反而會輕視我們。但博物館警衛是這種徽章的對立面。很顯然我們滿足於沉默，但同時我們也是可以接受大眾打擾的對象。

不過，大眾仍善於讀出我的心思：當我沉浸於自己的思緒中時，他們多半不會來打擾。近來，我的表情想必有什麼開放且歡迎他人的東西出現，因為有愈來愈多人在說出常見的句子「我們來問他看看」之後，就向我走來。我尤其喜歡不知所措的人來問我問題。我喜歡不知所措的人。我覺得他們在大都會裡混亂迷糊東倒西歪地走動，是正確的；學識較充裕的人從容面對所見之物，是錯的。不知所措的人會驚訝於那些本該令人驚訝的事物——像是畢卡索就在眼前讓他們觀賞，像是一整座埃及神殿被移到紐約。我學會抹除自己任何可能的傲慢衝動，更學會視這種衝動為愚蠢荒謬。關於這個世界，以及世界之美，我們沒有人能夠真正了解。我可能知道米開朗基羅的生卒，但試想：如果我身置他的工坊，或波斯細密畫（Persian miniature）或納瓦霍（Navajo）籃子編織或其他各式工坊時，絕對會被自己的無知所淹沒。甚至那些藝術家也無法完全掌握他們那巨大而難以捉摸的描繪對象。他們如果來到大都會，也會感到不知所措的。

* 20

* 21

★

年末的佳節假期前後，博物館裡擠滿了人。尤其對觀光客來說，從感恩節到元旦，這座城市中的一景一物都充滿了耶誕節的歡慶氣氛；如同在洛克斐勒中心前的溜冰場上滑行，他們也在一間間展覽室裡穿梭。由於這是我的第三次耶誕節，我已適應了這些人潮的特定氣質。他們有觀光度假者、來城裡與成年子女和孫子一起度過耶誕節的年長父母、回家與老媽一同過節的曾經的紐約客（「我們現在住在斯科茨代爾，但我是在布魯克林出生長大的」）。這是觀賞人群的旺季。

我正在一場攝影展中值班——「史蒂格利茲、史泰欽、史特蘭德」（Stieglitz, Steichen, Strand），三位都是活躍於二十世紀初的美國人。我首先注意到的，是這許多畫面看起來竟如此熟悉。史特蘭德拍攝覆蓋著中央公園的一層白雪，*22 與我從車站走過來時看到的雪一樣。史泰欽為熨斗大廈（Flatiron Building）拍了一張肖像照，*23 這棟樓是我的老朋友，因為我們偶爾從醫院走去麥迪遜廣場買午餐時，總會經過這裡。史蒂格利茲拍下兼有高樓與矮房的城市景觀，*24 讓我不由得對自己說：「沒錯，這就是紐約。」在最棒的作品中，我甚至可以感覺到相機觀景窗後面那隻興奮的眼睛，以及把這些魔法影像從顯影液裡抽取出來的急切雙手。

隔了幾間展覽室，有一系列史蒂格利茲的作品，主題是他的伴侶及後來的妻子，也就是畫家歐姬芙（Georgia O'Keeffe）。這些作品不是肖像，也不是快照。我猜你可以稱其為「練習」：將她看得更仔細的練習——她的手[*25]、她的腳[*26]、她的軀幹[*27]、她的乳房[*28]、她的臉[*29]、再次看她的臉[*30]、再次看她的臉[*31]。她驚人地美麗，不過這系列攝影最讓我感到生動的，是人這種生物看起來的模樣，我們的構成是如何具象又獨特，我們的態度和舉止如何在相當程度上透漏出訊息，我們在他人眼中如何呈現出線條、顏色、光與影。在這些畫面中，歐姬芙看起來既是一隻裸猿也是一名嚴肅的女神，而實情就是如此，不是嗎？這是我們整個物種之謎，對我烙下不可磨滅的印象。

我從這些攝影移開，環顧展覽室，差點被自己所見引得笑出來。在這裡有來自世界

*22 *23 *24 *25 *26

*27 *28 *29 *30 *31

各地的許多人，活生生的人，每個人都忽視身旁的人，猛盯著牆上掛著的無色彩、無動作的人像。真實的人看似太尋常。我們隨時可以看到他們。對於這些擦身而過之後便不再與自己生命交會的陌生人，又何必投以注意呢？在這裡的歐姬芙，作為藝術作品，則具有我們其他人缺乏的屬性。她是永恆的。她周圍有個框，把她神聖的美與這粗劣平凡的世界給隔開（英文的神聖「sacred」一詞有一個古義，是「區分開來」）。我想，有時我們需要得到允許，才能駐足傾慕，而藝術正給予我們這樣的許可。

距我幾步之外，有一名參觀者把相機舉到眼前，為照片中歐姬芙凝住的那張臉拍下照片。目睹這情景的當下有種超現實的感覺，但我也能了解這種事為何發生。那部機械後面，這位男士感到自己對真實有了更確實的掌握——對於我們明知會從指尖滑走的事物，通常很難充分地體驗。我們希望擁有。用比喻的方法來說，我們希望能把某物放進口袋裡帶走。只是，如果我們的口袋裝不下那麼美的事物，如果我們看見或體驗到的事物中，只有非常小的碎片能留存於口袋中呢？

懷著這樣的想法，忽然之間，展覽室中的陌生人顯得異常地美。他們的面孔美好，他們的步態有神，他們充滿情感；他們眉尖躍動。他們是神似自己母親的過去般的女兒，是有如自己兒子的未來般的父親。他們年輕，成熟，綻放，衰敗，而且徹徹底底地真實。我用力地把自己的眼睛當作研究的工具，就像鉛筆，而腦子就是我的素描簿。我不是很熟練，這表示我還可以進步。我試著解讀人們的穿著和移動身軀的方法、他們握著男女朋友的手或者不握、頭髮的造型、鬍子的造型、與我對上眼神或者避開、從臉上或姿勢或步態所表現出的愉悅或不耐煩或無聊或不專心。而當我發現對自己所見大多找不到確定的意義——無法使用文字來描述——我從這些場景的閃爍之光中感到愉悅。

一天結束時，我搭上第八十六街的地鐵，以滿懷同感之心看著身邊的同行旅客。在平常的日子，我們很容易看著陌生人並忘記最根本的事實：這些人和你一樣真實；曾經戰勝也曾經受苦；像你一樣，他們也曾專注於某些既困難又豐富又短暫的（活生生的）人事物。我記得在醫院看過湯姆後回家的地鐵。如果有誰表現刻薄，如果有誰因為被人撞到而口出惡言，那感覺真是難以置信的惡劣——然而我們全都有這樣的時候。今晚，我很幸運。我有能力帶著愛，看著這些陌生人疲憊而各懷心事的面容。

過了半小時，在聯合廣場轉車後，我的列車跨越曼哈頓大橋，進入布魯克林。現在我開始想著家中的那個人，並感到更多愛意。

7 修道院

哥哥葬禮那天，本來是我的婚宴之日。我們已經預約了場地和樂手；甚至連婚都已經結了，是在那個白紗之日的前幾週，在市政府辦理的。湯姆和克莉絲塔本來是我們的證婚人，但在最後一刻，來的是一通湯姆太過虛弱的電話。那如果我們改到皇后區行政中心呢？太虛弱了。那是二〇〇八年六月三日。他在二十二日過世。

我和塔拉．洛爾（Tara Lohr）第一次約會，是大約十六個月之前的情人節。那個時間有點湊巧，我們兩人都覺得尷尬，所以選了一間名叫「大尼克」的美式小餐館來抗衡。在包廂裡塔拉的電話響起，她接了。「莎拉！」她說；那布魯克林腔忽然如韋拉札諾海峽大橋（Verrazano Bridge）底下的港口之水般流出。「你回到海灣嶺了？我跟你說，我見到你媽媽了。我昨兒見到你媽媽了。」我想我真的不認識這個女孩，截至目前為止她都只用普通腔調跟我說話。很棒。真是個驚喜。

一個月前，我們還只是跨年舞會上的陌生人。沒過太久，我在她紐約上城的家過夜。喔，那些最初的日子，那時我會搭地鐵A線到曼哈頓最後一站，然後覺得那裡的空氣真的沒那麼緻密！我會爬樓梯登上她位在四樓的公寓，敲門，然後進入整個城市最僻靜的角落。塔拉黎明即起，準備著她在布朗克斯（Bronx）學校老師的工作。我還沒完全清醒，就這樣看著她拿出「洛爾老師」的服裝；就這樣準備好一個塞得滿滿的背包；就這樣過來給我一個吻，像王子給睡美人的吻那樣，然後把我留在這間小而神聖的公寓裡。「神聖」在這裡是「區隔開來」的意思。

在她那棟樓的轉角附近，樹林覆蓋的山丘高處，隱約可見修道院博物館（Cloisters），這是大都會在曼哈頓島最北端的一個分館。我們剛開始約會時的另一次，兩人爬到山丘上，一邊氣喘吁吁，一邊說著每個人來到這不可思議的博物館時想必會說的話：「你相信這裡還是紐約嗎？」從樹林裡出來，我們看到的是一座以十三世紀一座修道院為範本、經歷過風吹雨淋的灰色石頭建築。然後我們踩著修道院曲折的階梯繼續攀升；那道階梯似乎點著燈，至少在我記憶中是如此。我們兩人一起捐了十美元，自覺慷慨，然後進入博物館的第一間中世紀聖堂。

那是十二世紀的法式小教堂，以沉重的石塊建成，小巧而幾乎沒有裝飾，有種略顯陰沉的雅緻。*1 塔拉曾是天主教學校的學生，也是布魯克林的義大利裔人，拿這裡與八十二街的聖安色莫教堂相較，而且比較喜歡這裡，這讓我笑出來。她牽著我的手把我帶到聖壇前，指出聖體盒應該擺在哪裡，告訴我她那段畏懼上帝的日子，帶著輕快、懷念，間或翻白眼的神情。她顯然與我不同，不會在教堂一類的事物前反射式地安靜下來。但我們都著迷於眼前所見。在這盪著回聲的房間裡，美麗的憂鬱氣息對我們來說正好，儘管我們正興高采烈而一點都不陰沉。

我以前曾來過修道院博物館，但不知怎麼的，修道院本來的定義卻讓我有些轉不過腦筋。這名稱會讓我想像一名僧侶把自己關在小房間裡祈禱。但事實上，一所修道院卻是開放式的修道中心，雖與更廣大的俗世區分，但並不與日月星辰隔開。我們參觀的第一間修道院來自十二世紀的卡塔蘭（Catalan），是一座百花盛放的花園。*2 裡面有著鳴鳥棲息的果樹，步道匯聚於中央的噴泉，周圍環繞的柱子由粉色大理石構成。僧侶必須穿過此處前往食堂或寢室。或者他們會捲起袖子、拿起鏟子，照料這個與世隔絕的花園、屬於他們的一小方創作。

我和塔拉走過平滑的鋪石步道時，她悄悄踩著踢踏舞的步子。這是她的習慣。我指著一些花，告訴她我在芝加哥郊區參加幼童軍時，他們會要我們挨家挨戶賣鬱金香的球根。她很驚訝。在一株野生酸蘋果樹下，她述說自己一家三個小孩在只有一間

*1

*2

臥室的三樓公寓裡長大，一樓住著她的祖母（來自義大利阿布魯佐），二樓是曾祖母（她叫她「嬷姆齊雅」），他們雜亂的小院子裡有一株無花果樹。

她帶我走進鄰接的議事堂（僧侶集會的地方），我們坐的小板凳對她一七七公分的身材來說實在太小。從這裡我們可以躲在暗處探看外面的花園，那裡的天花板是肋狀拱頂的網絡，像巨大烏賊的觸手延伸。趁著休息的機會，塔拉愉快地告訴我她和朋友總是在議事堂碰面。這回輪到我感到驚訝。

「你是說高中時嗎？你不是搬到史丹頓島了？」

她是搬家了。但她念的是曼哈頓的公立重點學校，這表示她每天早上要搭市公車換史丹頓島渡輪再換地鐵才能到學校——通勤時間兩小時。這讓她對於紐約市內最長的路線也能免疫，所以她和朋友們（也是曼哈頓外的小孩）對於在中城碰頭再搭地鐵A線遠道來此根本不在乎。

「但為什麼是這裡？」我繼續問。

「我們是詩人。」她說著，笑出來。「或者說我們自認為是詩人。這裡像是世界的盡頭，像是個祕密基地。我的十五歲生日就是在這裡過的。我穿著黑色蕾絲洋裝，而除了坐在這些凳子上聊天以外，我也不記得我們做過什麼其他的事。」

我們笑著這些回憶，彷彿那是很久以前的事，但那時我們也才二十三歲。

我們穿過接下去幾間展覽室，沒有停下腳步。如果我是自己一個人，應會駐足觀看〈梅羅德聖壇三聯畫〉（Mérode Altarpiece）*3，仔細研究伯里聖艾德蒙茲（Bury St. Edmunds）十字架*4。不過塔拉不是「藝術愛好者」，而且前方還有更迫切的美占據心頭。我們停在第二個修道院，那裡景色驚人。*5 此時我們不再處於博物館修道院的包圍之中，而是來到邊緣，眺望哈德遜河從帕利塞茲（Palisades）前面流過。那時我有一種奇妙的感覺，彷彿可以從高處看著我們兩人，正站在這個狹長的島上最狹窄的地方，看著這條大河緩緩流向紐約港。就像是可以清楚看到我們正在寫下的這個愛情故事的輪廓。

*3

*4

*5

「如果不是這個港，你也不會出生。」我提醒塔拉。（她的父親是一名水手，停泊在布魯克林造船廠時遇上她母親。）這句陳述之清晰令人感到不可思議。有如奇蹟似的，第二天，我們會騎腳踏車來到長長曼哈頓的另一端，渡過東河，到她祖母家共進週日大餐。然後下一個週末我們會直奔皇后區，拜訪湯姆和克莉絲塔，兩位愛之國度的前輩。

我們轉彎穿過藥草園，對肥皂草、苦艾、黑夏至草等令人聯想起巫術的名字發笑。然後我們離開修道院，走下山丘。

★

八個月後，我們在湯姆的醫院病房裡宣布訂婚，那天那裡成了快樂的小修道房。我們把啤酒偷渡進去，用塑膠杯舉杯慶祝。湯姆的臉龐因驚喜而明亮。

然後又只過了四個月，塔拉和我看守在他醫院病床邊，在他睡覺時看著無聲的電視。

其中一個那樣的夜裡，當時有克莉絲塔、米亞、塔拉和我看顧湯姆。已經很晚了。

他已經很少清醒。但突然間，他抬起頭，表示想吃麥克雞塊。我衝入夜裡的曼哈頓並帶回裹了炸粉的肉塊和沾醬凱旋歸來時，是我最快樂的時刻。我們在他的床邊野餐，一小群可愛、悲傷、笑著的人，盡己所能。

現在回顧起來，那情景讓我想起彼得．布勒哲爾（Pieter Bruegel）的偉大畫作〈收割者〉（The Harvesters）*6。在那幅畫中，一群農人在寬闊而深遠的背景前用餐。中景有間教堂，遠處有個港口，金黃與綠色的田野朝向遠方的地平線綿延。接近畫平面處有幾個男人用鐮刀割麥，一名女人彎腰捆綁麥稈。前景的角落有九名農人，有點滑稽而又和睦地停止勞動，在梨樹下坐著用餐。

看著布勒哲爾的傑作，有時我會想：這畫的真是世界上最平凡的景象。多數人從事農業，他們大多是底層的農民，生活充滿勞動和艱苦，間或穿插著休息和與他人的共處。那情景對布勒哲爾來說想必如此理所當然，必須費力才能意識得到。但他意識到了。然後他把這小小的、神聖的、雜亂的一群人安置在他廣大延伸世界的前面。

*6

有時我不知何者更令人敬佩——偉大畫作所描繪的生命，或反映出真實生命的偉大畫作。

8 哨兵群像

工作來到第四年，某天早上我上班時，看到許多新手警衛在一堆搬運藝術品的空箱子前大致排成一行。我有點遲到，匆匆經過他們旁邊，走進調度室，鮑伯找不到我的名牌。「啊，布林利！」終於他說：「你今天要訓練別人。去穿上制服，再回來報到……畢福斯，A區！諾維可夫，G區！」我之前從未訓練過別人——我很快換上制服然後回來，發現有一群數量正在增多的老手警衛，側身站著，瞧著新人。我加入他們。

「真的假的？你是第一次？」麥卡弗里先生問我。「我訓練警衛已經二十年了，而我只告訴他們一件事……」我們都等著他說出重點金句。「去找更好的工作！」

我的注意力從對話中移開，仔細端詳這些新人。每次看到藍色制服上冒出新面孔，總有種奇怪的感覺——這種感覺為時大約一週，再之後，奇怪的就變成是他們穿便服的樣子。我好奇在這些新手之中，誰會來到我的羽翼之下。會是那一頭白色短髮配著粗框眼鏡的年長女士……或雙手插在胸前、口中哼唱的像是卡車司機的傢伙……或看起來剛從大學畢業，現在才跑過來歸隊的小伙子（第一天就遲到，一定做不久……）。我們的一個上司從指揮中心現身，然後讓門在他身後自動關上。我的遐想到此結束。「很好。」他看著手上的記事板說：「現在就開始。斯密提，你訓練這裡的這位庫柏女士。卡拉傑女士，你跟高德曼先生一起。卡拉布雷斯先生，這位是埃斯皮諾薩先生。布林利先生——你在哪兒？好——你要訓練阿卡波薩先生。」

朝我走來的是一位年近六十、頭髮灰黑交雜、帶著方形眼鏡的先生。他走上前，禮貌尊重地與我握手。我的第一印象是他屬於比較莊重的世代，也有可能是個冷漠的人。但一秒之後他就軟化了，帶著好奇與我對上眼，以美妙的西非腔說：「我是約瑟夫，敢問我今天的老師的名字？」

我對於老師的角色感到愉悅。我們出發後，我為他指出布告欄上最近一次工會投票的結果、沒什麼人在用的電動擦鞋機、一大疊多出來的泡棉板子，上面明白標示著「免費泡棉」。一具埃及雕像在發出轟隆聲的手推車上經過時，我們閃到一旁，然後我帶著他登上後面的樓梯——裸露的水泥、刺眼的螢光燈，角落還有一個空咖啡杯——我們來到一扇金屬門之前，上面標示著「慢慢打開」。在我的鼓勵之下，約瑟夫打開門（慢慢的），然後我們跨入他的主要區域，美國藝術區。

我們站在一個以玻璃圍起來的雕塑空間，一側有兩層樓高的希臘神殿式建築立面。*1「他們在訓練期間有告訴你們關於這個立面的事嗎？」我問。「這曾是華爾街上的一家銀行，銀行建於一八二〇年代，一百年後被拆下，在這裡重建。你對華爾街知道多少？」我快速說著，有點興奮，感覺到自己真的在扮演老師的角色。我告訴他這片牆是華爾街（Wall Street）這個名字的由來，時間是殖民時期，非洲來的勞力被迫建造之，然後荷蘭殖民者用這片牆把英國人和原住民來納佩人阻擋在外。約瑟夫是個耐心、專注、眼睛明亮的學生，但終於他發出了低音的笑聲打斷了我：「我騙了你。」他道歉：「我知道華爾街。我在那裡工作了許多年。」

這是一幅迷人拼圖的第一片。我得知約瑟夫來自多哥（Togo），他形容「就好像紐澤西之於迦納的紐約」；他在那裡任職於銀行界；一個他沒有明說的戲劇性事件把他帶來紐約和華爾街；再經過沒有明說的更多轉折之後，他現在與我一起站在這裡，仰頭看著這片建築立面。故事中的空缺之處，目前是以他的聳肩填補。

通常G區的主任辦公桌是在樓上的美國繪畫展覽室，但目前那裡正在進行大規模整修而關閉。於是我們進入一間廚房，那是專為私人活動所用——主要是鋪著紅毯的大都會慈善晚宴。我叫約瑟夫不要選那份工作。（「我做過一次。他們把我派在距主

＊1

要活動很遠的地方，我什麼也沒看見。」）我們的同事，也就是等待中的主任，迫不及待地伸出手來向約瑟夫握手致意。我可不記得自己在第一天享受過同樣的待遇。但一般而言，沒有人相信一個二十五歲的小伙子會一直做這份工作。較年長的新人比較有可能實現這項美德並留下來。我們從區域主任手中拿到分派任務的紙條，我看到我們被分派到美國歷史展覽室，那裡是警衛口中的「老展區」。

我們搭乘玻璃電梯上升，前往美國展區的原始核心，那裡的建成時間為一九二〇年代。（看著中庭的雕塑變得愈來愈小時，約瑟夫正確地猜到這趟電梯之旅想必受到小朋友歡迎。）我們走出電梯，踩上吱嘎作響的木頭地板——「柔軟的地板。」我告訴他：「對腳比較舒服。」——然後繞過一個轉角，進入一個以十七世紀麻薩諸塞的老船教堂聚會所（Old Ship Church Meeting House）為藍本的房間。*2 約瑟夫看著粗壯原木所構成的美麗的椽，這樣的結構由是造船工的智慧所造。他告訴我他是個超級歷史迷，而且是比爾·歐萊利（Bill O'Reilly）和霍華德·津恩（Howard Zinn）的忠實讀者。我們走過整個房間，這空間像許多古蹟一樣，比你心目中以為的要小。我告訴約瑟夫，塞勒姆女巫審判就是在類似的集會所進行的。即使是最後一排的農夫，也能看見遭審判的女人的眼神。

不久，我們步入哈特房（Hart Room）＊3，這裡天花板低矮，約瑟夫必須屈身低頭。這房間也來自十七世紀的麻薩諸塞，是博物館從一間預定要拆掉的房子裡小心切割下來的。

「窮人？」約瑟夫看著這間陰暗、狹小但迷人的房間，這樣問我。

「有錢人。」我說：「或夠有錢的人。」我指著小巧的鑲嵌玻璃窗，在當時屬於奢侈品。

「天花板呢？」約瑟夫問，看到一百七十二公分的我正好可以在巨大的橫梁之下自由走動，笑了出來。

「那時的人比較矮。」我說：「他們的飲食和你我不同。」

我覺得可以開始說明這份工作的一些細節，在這間展覽室或別間都差不多。我發現

＊2

＊3

自己從阿妲那兒竊取了某些台詞。像是「記得提醒參觀者別做傻事」。我也分享了自己的經驗談——例如，為人指引方向時，要避免說「繼續往下走」，因為英文不好的訪客會開始找樓梯。約瑟夫偶爾會提出不錯的問題，而我對自己有能力回答每個問題感到滿意。我用了所有的術語——崗位、推往下個崗位、接班、指揮中心、調度、第三排——他看起來很佩服。

我們來到一處奇怪地銜接著美國展區較新部分的小巧三樓*4，在這裡繞了一圈。這兒地處偏僻，此時不太可能遇到訪客，我因此聽到更多約瑟夫本人的美國故事。他以研究生身分來到田納西州的納許維爾（Nashville）——「和歐巴馬的父親一樣的獎學金」，他告訴我。他在范德堡大學（Vanderbilt University）讀商，然後回到多哥，快速晉升，最後在一間大銀行成為「第三把手」。但他帶頭阻止一場賄賂交易時惹上麻煩，成為有權勢者的眼中釘。然後，事情發生了——他仍然略過究竟發生了什麼事——然後在一九九〇年代初期，他以難民身分落腳紐約。

早上十一點，與我同梯的老同學特倫斯把我們推往下一個崗位。特倫斯總算從修道院分館轉回來，現在主要待在美國藝術區。和這兩位和藹得無懈可擊的紳士站著聊天，我們談著多哥、談著圭亞那，我們談到商店，談到家人，一種非常契合的快樂之感在我體內升起。後來我們三人成為彼此在大都會最好的朋友，像是某種迷你的「古羅馬政治三巨頭」。

我和約瑟夫走下一層樓梯，到老展區的另一個小樓層，2A。我們站在一間維吉尼亞酒館中，那裡是喬治．華盛頓慶祝最後一個生日的地方。有很多關於喬治．華盛頓的事情可以告訴約瑟夫。吉爾伯特．斯圖爾特（Gilbert Stuart）為華盛頓總統所繪的著名肖像＊5就掛在這個展覽室，以後約瑟夫會看到許多參觀者舉起一美元的鈔票，瞇起眼睛與之相較；然後他們會轉向他，說想要看〈華盛頓橫渡達拉瓦河〉（Washington Crossing the Delaware）＊6（偶爾會有人說成波多馬克河或哈德遜河），然後他將不得不宣布令人失望的消息：因為那幅畫的大小有如大型廣告看板，在展覽室整修期間沒辦法搬出來，也就看不到了。我要他留意美國藝術展區一個有趣的特點：只要是戴著白色假髮的肖像畫——這種畫多得不得了——遲早會有人誤以為那是喬治．華盛頓。

＊4

＊5

＊6

這間酒館——也比你心中想像的更小——布置著精緻的桃花心木家具*7，紅色的木頭簡直像是在燃燒。我們踱步經過齊本德爾（Chippendale）風格的椅子，然後我想起以前特倫斯教過我的事情。這些家具的桃花心木取自加勒比海，可能是貝里斯（Belize），而且想必是由奴隸砍伐的。特倫斯告訴我，他自己有可能是被帶到加勒比海的最後一批非洲人的後裔。他怎麼知道的？因為較早期的奴隸通常不被允許成立家庭；他們一生遭奴役直至死去，然後有更多的非洲人越過大西洋中央航路（Middle Passage）被帶過來取代他們。告訴我這些時，他倚身查證我們正看著的那張椅子的年分，那是一件英國椅子的普通仿製品。「一七六〇年？哦不。」他嚴肅地說：「這不對啊……」

把這個故事交棒給約瑟夫後，我指出關於美國藝術展區不證自明的事。這裡的精緻物品述說著的美國故事，只是一部分而已。看顧這裡的美國警衛，則體現了不同的美國故事。

大約此時參觀者到來，約瑟夫挺直身子準備好迎接他們。這些人是法國人，這正好，因為他可以用他們的母語來交談。他們走到2A樓層，駐足，環視，悄聲說話，然後顯然感到困惑但沒有提出問題，只是往他們來的地方退回去。好吧，我們都笑了。我帶約瑟夫到窗邊，我們往下窺看美國藝術展區的中庭，現在我們的視線穿過華爾街立面。我感覺很容易與身旁這位男士交心，我的興頭強過理智。我開始述說自己向來難以啟齒的信念。我說得很快，自剖對這份工作的熱忱，覺得自己會永遠做警衛，因為，又有什麼其他事情好做的？這份工作簡單明瞭，學得到東西，而你有什麼想法都不用告訴別人。

事實上，我不只喜歡這份工作，甚至說我有可能不喜歡這份工作，都顯得冒犯！要在這份和平踏實的工作裡挑毛病，簡直是不莊重、愚蠢，甚至是背叛。不，我寧可心存感激，感激這柔軟的木頭地板與千年前的藝術，感激我不曾擁有那些東西：要賣的產品、要說的謊、要挖的坑、要兌換的利潤。約瑟夫顯然對我的演說感到興趣，瞪大眼看著我，帶點年長者的優越，但恰如其分。我猜他心中可能覺得好笑，想著把自己帶到此處的各種生命轉折。他或許想著：「這小伙子還真以為他知道自己的人生會怎麼發展……」

＊7

「我遭到暗殺。」後來他這樣告訴我。「某天我下班回家，遭兩名殺手槍擊，僱用他們的是被我阻撓了航髒交易的那些人。我左臂中了一槍，肚子中了八槍。」（他說得很就事論事，沒有強調那個「八」字。）「上帝仁慈，子彈沒有劃過重要器官。那是一九九四年，星期二。星期五時，我的銀行付錢讓我飛去巴黎的醫院，他們修復我的腸子，然後我花了四個月復原。我弄到美國的旅遊簽證。我一下飛機就申請難民身分，很快就獲准。我在紐約的第一份工作時薪是四美元二十五分。我第一份保全工作則是五美元多。託一名范德比爾特的舊識的福，我得到華爾街的工作，不過那是中階主管類型的工作，和以前完全不同——以我的腔調和膚色是不可能的。公司被併購時我被裁員了，然後是大蕭條。我在一個治安不怎麼樣的地方買下一間支票兌現的店，但結果證明我幹這一行既不夠狠又不夠會耍手段。我虧了一大堆錢。全部的存款都沒了。不過沒關係，那不算什麼。」他對我吃驚的擔憂聳聳肩。「真的，沒關係的。我還有我的命，我的家人，我沒有失掉良知。如果今天我又遇見那些企圖謀殺我的人，我會跟他們握手。有何不可？那沒什麼。」

說完他的故事後，約瑟夫環顧一日結束時往大廳聚集的同事。「在這些藍色外套之下，有許許多多的故事。」他說。

★

守護藝術品是一件獨力進行的功業，不過也有例外，例如在大廳工作的時候。在C區有三種崗位，我們稱之為「桌子」、「哨點」和「盒子」。「桌子」是檢查包包：參觀者剛從街上進來時，要把隨身攜帶的物品放到桌上，我們和同伴一起探看裡面，檢查是否有違禁品。明令禁止攜入的東西包括食物、大型行李、藝術品原件、樂器、花束（可能藏有昆蟲）。「盒子」或「寄放盒子」是我們對衣物寄放處的叫法——實際上有兩個，「北盒」和「南盒」，兩個都非常大，一點都不像盒子。兩邊都有八座機械動力的金屬旋轉架，通常裝載了幾百件夾克、短大衣、連帽外套、皮草和其他外套類衣物。我們也接受背包、購物袋、籃球和機車安全帽——所有你不該帶進展覽室內的物品。

我個人偏愛的任務是在「哨點」，也就是「檢查點」，基本上就是檢查門票的地方：參觀者付了入場費用後，會拿到屬於當天特定顏色的一枚小徽章，我們要確認從三個不同入口進場的參觀者都有把徽章佩戴好。

哨點的工作與人互動程度較高，不僅對大都會博物館來說，在整個地球上都是如此。兩名警衛相距不遠地站著，刻意形成狹隘的入口，一邊說話一邊度過一天。所說的話並非持續不斷地聊天，因為我們也要指引方向和維持秩序，但對話通常輕鬆簡單，不會因視線交會而尷尬，也不會為現場發生的事件（某位無禮的參觀者或某個好笑的問題）而煽動怒火。奇妙的是，這些談天說地雖然長達八小時，卻可以在不知道彼此名字的情形下進行。警衛團隊的人數之多，沒有人會突兀地準備握手並說：「我已經在這裡看過你一千次。順帶一提，我叫派翠克。」有些警衛已經有過幾百次這種隨機碰上的交談，仍不覺得有必要自我介紹。

這些日子，我想要擔負起我這一端的談話責任。我逐漸摸到訣竅。我甚至比往常更認真追看棒球賽，所以每天我都可以說「桑塔納看起來狀況不錯，是吧？」之類的話。我談論政治和音樂和書和店，我也允許自己稍微誇張一點地哀嘆工作上的煩惱，因為這讓我們站在同一邊。這些都沒有做到扭曲自己人格的程度，但確實強迫我跨出自己的小世界，在他人的頻段交流。

目前為止，我最佳的對話小技巧是提出問題，最好是可以引來又長又曲折答案的開放性問題。如果有人告訴我他們的人生故事，我便很滿足；我發現多數人被問到時一開始反應驚訝，但一旦得到鼓舞，就有很多事情可以述說。我坦承自己的無知，會問這樣的問題：「摩爾多瓦（Moldova），是嗎？我對摩爾多瓦一無所知，你能相信嗎？」而他們會相信。我們警衛面對他人的知識空缺都處之泰然，這是不成文的規矩，因為每個人都充分意識到大家來自於非常廣大的世界。

有一天我在哨點的同伴是娜贊寧。她來自伊朗，一開始我試著表現對她的國家有些許了解，說我會想去德黑蘭（Tehran）旅行。「德黑蘭？」她表情怪怪地說。「是可以去看看，如果你想的話。」於是我放棄裝模作樣，請她為我介紹她自己的城市——設拉子（Shiraz）是法爾斯省的首府，古波斯人的故鄉，「玫瑰之城」，擁有最美的花園與清真寺。她和十一名兄弟姊妹一起長大，主要由父親照顧，母親是學校老師。

「那樣算是少見嗎？」我問。

「當然！」她回答：「母親常抱怨我父親遊手好閒。他照顧著十二個小孩，讓我們每個人都覺得自己得天獨厚備受寵愛，她還是覺得他很懶！不過，願上天祝福我母親。她是很受尊敬的老師，我有時間時還是會回去探望她。」（娜贊寧自己也是個老師，警衛工作之餘還教波斯語。在這次談話之後不久，她就晉升為保安主任。）

所謂的低技術性工作有一項優點，就是可以囊括專長與背景各異的工作者。白領工作聚集起來的人群，教育背景和興趣大致相似，所以你大部分的同事都有類似的才能與想法。保全工作沒有這種問題。大都會在招募新警衛時，會發布徵人啟事（過去刊登在《紐約時報》上，但現在是在網路上），內容簡短扼要，基本上就是「來面試吧」。保安部門要的是認真對待這份工作的人，也知道符合要求的潛在成年人非常多，多樣性也大。由此形成的工作團隊，不僅在人口組成上十分多樣——將近半數的警衛成員是在美國以外出生的——在所有面向上都是如此。博物館警衛並沒有非要某種類型的人不可，結果擔任這個職務的類型是數不清的，每個人都各有風格。在《紐約客》時，我的同儕全都是菁英私立大學的新近畢業生，可能曾有過出版相關的工作經驗。在大都會，我所知道的警衛裡曾有在孟加拉灣指揮護衛艦的、開計程車的、駕駛商用客機的、建構房屋骨架的、種田的、教幼稚園的、當過警察的、為報紙做過記者的、為百貨公司的人體模型進行臉部彩繪的。他們來自全球五大洲和紐約每一個行政區。有人愛好藝術，有人對藝術無感。他們或許外放或許內斂。他們或許長期從事保安專業，又或者剛在這一行跌撞摸索。難得的是，無論與誰一同站在崗位上，都不會讓你覺得混亂迷失。這裡沒有隔閡。我們都穿著同樣的服裝。

★

一天早上，我在羅伯特・雷曼收藏（Robert Lehman Collection）和一位名叫特洛伊的警衛一起工作。投資銀行家羅伯特・雷曼死時將他的藝術收藏捐贈給博物館，這些收藏精美到讓大都會蓋了一個新展區。特洛伊送給博物館的禮物則是他自己——這是一份不可小覷的禮物。他是個很特別的人，生於奧克拉荷馬，以低收入特別租金住在紐約上西區的旅館，聽爵士黑膠唱片，修理古董家具。有很多次早上，我看到特洛伊在他的置物櫃前小心翼翼地從泰晤士報（倫敦的）撕下《文學增刊》（*Literary upplement*），塞進自己的口袋裡，準備在零碎時間閱讀；他不用智慧型手機。

「嘿，特洛伊。」我說：「早上如何？」

他嚴肅地確認手錶。「看起來時針已經開始了繞行錶盤的旅程。」他面無表情地說：「早上符合我們對宇宙的期待。」我笑了，他也笑了，然後確認我們守護的疆土內沒有上司和早來的訪客，接著我們以彼此為伴。

我們展開了關於人（除了眼前的同伴以外）都是多麼愚蠢的討論——並不認真也沒有惡意，只是像每個人偶爾都會的那樣……參觀者向我們走來，只說「洗手間」，而不是說「嗨，請問洗手間怎麼走？」或甚至「洗手間在哪」，就那麼三個字，好像我們是聲控機器人般……策展人寫了一大堆字的說明，好像預期每個人內心都有一份在研究所讀學術論文的渴望……高階主管從未徵詢我們關於任何事情的任何意見，因為整天站在博物館中的博物館警衛怎麼可能懂得博物館的任何東西……有錢的藝術品收藏家花幾百萬美元買下來展示給大眾看的東西，跟餐桌上的剩飯剩菜差不了多少……事實上，最後這一個想法尤其令人愉快。

「嘿，特洛伊。」我說：「你怎麼會來做這份工作的？」

「本來我在保險業做了二十年。」他告訴我：「有一天，我老闆要我們做一項職業性向測驗，那個測驗可以顯示世界上所有工作裡我們最適合做什麼（別問我為什麼）。然後，我看著這測驗，心裡想：我唯一想做的，是當個不受別人干涉又有錢的藝術贊助者。而這裡……」他拉了一下自己藍色外套的衣領，下結論道：「是最接近的地方。」

不久之前，我與特洛伊相處時還很謹慎，總覺得還沒準備好能夠以奇妙的同事身分與他平起平坐。我仍以隱藏自己、小心觀察的模式運作，而他明顯是成熟耀眼的大人。他自然散發的溫暖和坦率，對我自己強加的孤獨是種威脅。

然而事情改變。

那次聊天之後幾個月，我在特洛伊的退休晚餐上與他共餐。我們去吃摩洛哥菜，只有一小群人。之後，在我們前往地鐵站的路上，走過農場聖馬可教堂時，特洛伊把我拉到一邊，說：「你知道，這工作真的不差。腳是會痛，但除此之外都不痛。」

★

二〇一二年春天，我們慶祝SW!PE雜誌第三期的誕生。這份以藝術、散文和詩為主的雜誌，是由大都會的警衛撰寫、編輯和製作的。雜誌的編輯群在蘇活區的一家非營利藝廊舉辦了一次聯展，然後我們在發刊派對兼才藝表演中一起歡樂暢飲。幾個同事合奏爵士樂、「音速青春」風格的搖滾樂、熱門歌曲連續表演、脫口秀、用「喬伊．傑蘇斯」和「麥克瘋」為名唱饒舌歌。有些表演非常精彩，有的還好；眾人狂歡，飲酒不絕。那晚快結束時，我有機會和SW!PE的一位作者艾蜜莉．樂馬基斯（Emilie Lemakis）⑤說上話。艾蜜莉多年來一直做著藝術創作*8——不是你在大

⑤ 這是她的真名。

*8

都會的當代藝術展區看到的那種；意思是她並非中了頭彩的藝術家。她是那種無論在何種情況下，都為了思考與創造而工作和生活的藝術家。她在曼哈頓的公寓不到十坪，不過她在布魯克林雷德胡克的工作室是公寓的兩倍有餘，有時會在那邊（不合法地）過夜。她在一九七七年來到紐約，當時十二歲，在「壞孩子的寄宿學校」度過青春期。她從一九九四年開始在大都會工作，以她的冷靜頭腦折服所有認識她的人。「有一份全職工作還要繼續創作，會占用所有精力。」她說：「要應付這一切，是很難誇張做作的。不要誤會，我沒有反對誇張做作的藝術創作。我只是沒時間去做。」

在她的創作中，我最喜歡的是二〇一一年「同仁藝術創作展」中的作品。每隔幾年，大都會邀請員工參加這項不對外開放的展覽，而警衛在這裡得到相當的發揮空間。湯米的畫作是利比亞內戰的輓歌。安德烈把尼德蘭大師的畫作複製到舊炒鍋的背面。芬利主任拍下紐約髒亂路邊明亮耀眼的廣告看板，放成很大張的彩色照片。艾蜜莉的作品很難錯過：一個高聳到幾達天花板的生日蛋糕，由木材、鐵絲網、泡綿、撚製的線、瓶蓋、軟木塞、假花，還有用來裝我們乾洗制服的塑膠袋，被她編織成長長的辮子式繩索。蛋糕底層有一具箱子般的電視機，播放著《啞鈴彎舉》，畫

50

面中是艾蜜莉穿著自製緊身衣舉重。在高高的蛋糕頂端有個閃亮的裝飾，給了我們暗示：「50」。

「那是自畫像。」她在SWIPE派對上這樣告訴我。「像是辮子……」——她總是綁著長辮子——「乾洗袋、影片、遲到工作單……」（我沒注意到這個細節，但作品四處都用釘書機釘上了鮮黃色的違規通知單。）「全都是我。」

她告訴我這些事情時，我看著幾十個對藝術沒興趣的同事翻閱雜誌，恭賀作者，笑著，聽著表演，拍打別人的背，我覺得自己對身為警衛十分自豪。我是否在這身制服底下藏著一個隱而不顯的祕密人格？不用說，當然如此。警衛正是一個個勉強藏在深藍色制服底下的祕密人格。在一次次的談話中，我正逐漸把他們發掘出來。

★

我竟逐漸開始從與其他警衛和參觀者的微小互動中找到意義，連自己都感到吃驚。請求幫忙，得到回應，表達感謝，別客氣……這裡有一種令人鼓舞的節奏，幫助我與世界的韻律同步。哀慟包含許多面向，其中之一就是失去節奏。你失去某人，在生命中留下一個空洞，有段時間你就只蜷縮在那個洞裡。來到大都會時，我看到的是把這個洞與一座大教堂結合起來的機會，能夠徘徊在不被日常節奏碰觸的地方。然而那些節奏找到我，而且那些邀請很誘人。結果，我並不想永遠保持安靜與孤單。在遇見許多人的同時，我也發現了韻律，彷彿可以看到自己將會長成的模樣。未來我會在人生中面對的重要挑戰，也正是現在每天互動中的小挑戰。再多一點耐性。對人不要刻薄。享受他人與眾不同的特質，對自己的則善加運用。即使不順遂時，也要試著慷慨，或至少寬容。

有一次，在夏天的某個日子，我在「寄放盒子」工作。藍迪在我右邊，葉塔在我左邊，我們三人以手肘支著前傾的上半身，在乏人問津的櫃檯中閒聊。有一個顧客來了。藍迪站直身子，以他典型的紐約式泰然自若接過這位年輕女士的 Strand 書店袋子。「嗨，來看這裡面有什麼。」他有著豐厚的男中音。「哇，《紐約客》！小姐的品味很好喔。很棒的雜誌！」他把袋子放到上方的架子，然後隨口冒出一句他常說的話：「一天一元，一成不變。」

第二名顧客。這次是葉塔站直身子，不過她沒有中斷剛才和我談到的阿爾巴尼亞機票話題。看著她接過這名男士的單車安全帽，但基本上無視於他，一部分身為美國中西部人的我知道在美國多數地方，這是不禮貌的。然而身為紐約客這部分的我也知道這裡風氣不同，人們給予勞動的人較多寬容。當這位男士接過寄放號碼牌並道謝，她投給他一個善意的眨眼。

最後，第三名顧客來了。我站直身子，正如自己理想中的衣物寄放間服務員應有的舉止。事實上，我感到自己已是一名有所自覺的警衛。然後到了休息時間。藍迪揮手與我道別，我到外面的寬闊石階午餐。出來第五大道這邊，有時感覺有些滑稽：陽光照耀，高聳的住宅大樓閃閃發光，歌舞表演者互傳帽子，幾部計程車一輛輛經過，有如飛舞的蒲公英種子。我從熱狗攤那裡買了一份法蘭克福香腸加芥末（老闆只賣警衛一美元），坐在來自外地的人群之間，十分自在。在階梯上坐下來後，我解開外套扣子，拿下夾式領帶，感到一切如畫，彷彿我可以從上方鳥瞰自己所在。在一座偉大城市的中心，在一座偉大博物館的台階，坐著一名保全警衛……他是個小人物，但不再自我隱藏……我的座位舒適，制服合身。

我從聚脂纖維口袋裡掏出一本小筆記簿，寫下幾個腦中浮現的透著野心的句子。曾經我保持被動，以某種隱形的目光觀察著大都會和裡面的收藏。現在我覺得自己可以展現某種身姿了。我已經花了時間沉浸於藝術中，但如果我改變立場，主動與之搏鬥，用自己的所有面向來面對藝術提出的各種問題呢？我覺得這對任何踏進藝術博物館的人來說，都是一項值得去做的任務。把思索之腦沉靜下來、體會過藝術之後，我們會想要轉回來，重申自己，這樣將學得更多。

9

青年雕像

當我在一個週日早晨被派往希臘羅馬展區時，第一個想到的是自己的腳。我剛連續兩天站了十二小時的班，這天早上在地鐵上沒法找到位子坐下來，現在我又被送往連一小塊地毯都沒有、無能安慰可憐警衛的展區——那裡放眼望去只有冰冷而虐腳的大理石。我被分派到主要希臘團隊。我的第一項任務，是解下掛在沉重鐵製支柱上的長長繩索，並把支柱滾到古希臘陶罐後方的存放處。那裡的地面上留有被支柱柱腳磨損的銹色圓圈，當我把支柱安置在那些圓圈上時，想著這些支柱本身不知有多古老。情形類似的還有附近一面白牆上隱約看得到的一片藍色雲霧。那被稱為警衛的痕跡，是好幾百位穿著便宜聚酯套裝的腳痛勞動者靠在牆上的產物。

我把自己的肩膀對準那塊痕跡貼上，環顧四周。我的崗位在一間非常明亮、天花板格外挑高的展覽室中，這裡滿是「古風時期」（Archaic period）的藝術品，指的是約於荷馬之後一百五十年到蘇格拉底之前一百五十年的一段過渡時期。在形狀高聳的面東窗戶之外，我可以看到路邊小販正在鋪排他們的商品，背景是賈桂琳．甘迺迪（Jackie Kennedy）的祖父所建的公寓大樓。這幅景象很紐約，而這間展覽室中的明星也恰好是一尊名叫「紐約青年」的雕像＊1——這個約定俗成的名字將他與其他

＊1

著名的青年雕像區分開來。不過我有自己喜歡他的理由。這個名字讓這位修長的雅典年輕人聽起來像是離開了他的故土，在紐約皇后區的阿斯托里亞（Astoria）租了間公寓（畢竟他是個希臘人），然後和我們其他人一樣搭地鐵通勤來到大都會。我對這位青年產生了同為移居者的兄弟之情，而且我們都在博物館中日復一日地站著。

我從警衛的痕跡站直起來，盡可能靠近這位裸體的希臘人。他站立的姿態是一腳在前一腳在後，與埃及法老相同，不過這個年輕人既不是法老，也不是國王，更不是神；他不是為了任何魔法目的而雕刻出來的，與他之前的藝術品不一樣。青年雕像是一種墓碑，被放置在某個人的遺體上方，單純用來顯示「這是一名凡人」。

奇怪的是，我可以從他身上感到一股自豪；我相信許多人看著青年雕像時也有同樣的感覺。雕像中有某種東西告訴我們：我們自己就是這特別平易近人的傑作的主題。這尊最早期的自立支撐裸體雕像有種動人的直接，甚至些微的尷尬。從風格上來說，他有種青春期的樣子，顯示製作者的工法還未臻完美，必須一路摸索，發掘出表現新思想的方法。在這樣壯舉（從冰冷堅硬的石頭中造出一個具有生命力的凡人形象）之下，青年雕像看起來像是活的。雕刻者完成的人像，美如神祇，同時卻又稚嫩、裸露、脆弱。當我站在這尊雕像之前時，不難領略這兩件事的真確：這尊

9・青年雕像

青年雕像是在很久以前雕刻的，同時卻也不是那麼久以前，而且藝術家是與我擁有相同雙手的人。畢竟以大理石的時間尺度來說，古雅典到現在只有一瞬間。

往青年雕像的右邊看去，我的眼睛對上一個雙耳細頸瓶，這是儲存東西的罐子，在西元前六世紀時於拉胚機上塑形、繪製圖案、燒製。在罐子上，製陶人花了很多心血描繪英雄阿基里斯剛被殺死時，同伴從戰場上將他抱下來的景象。在荷馬史詩《伊里亞德》（*Iliad*）中，阿基里斯勇敢又活躍，他擅跑，俊美，眼睛「炯炯有神如同燃燒的烈焰」，他「狂喜」與「狂怒」的叫喊可以撕裂大氣。然而在這裡，他的身軀無力地懸垂，他的靈魂或說精神，已經隨著最後的呼吸而離去。（確實，英文的「精神」〔psyche〕就源於希臘文的「呼吸」。）

走向這個美麗且具實用性的罐子時，我試著回想自己能記得的所有關於希臘人死亡的事情。我記起希臘的葬禮並沒有任何神職人員：不朽的諸神無法理解死亡也不關心死亡，祂們只是別過臉去。遺體由家人負責，這無生命的軀體被認為是柔弱可憐的，有如孩童。希臘文的葬禮可解譯為「看護」：家人清洗所愛之人的遺體，塗以油膏，在下顎綁上布條避免口部下垂。此時，荷馬如此描述：「靈魂離開身軀而飄往有如黑暗深井的地下世界」——那是個以現實的對立面來定義的地方。希臘的冥界沒有形象、沒有血肉，是「模糊而無氣息」之處，荷馬這樣說。讀到如此曖昧的世界，我懷疑希臘人認為死後的情況是無法了解的。他們只知道生，並把這份所知灌注到青年雕像這樣的人像之中。

在我半小時的休息中，我坐在自己的置物櫃前，手持筆與紙，努力試著從青年雕像擠出文字，捕捉他可能的意義。這很不容易。我試著描述他純然的直立，甚至拿保齡球瓶來比喻。我寫其「抬頭挺胸的傲然……對於身為佳作充滿自覺」，的確他是過去的墓園中唯一走到現在的東西。我寫下雕像的赤裸——柔弱、毫無防備，對於射來的箭毫無抵禦；這是一名死亡的青年。最後我試著匆匆寫下你、我，我們所有人依然與這名青年屬於同類，在我們的衣服底下依然是同樣的人。

★

如果你站在希臘雕像中庭的中央往上看，可以看到頭頂上是塗著灰泥的桶形天花板。在荷馬的時代，天空被認為是一片固態的堅硬圓頂，靠著海洋裡豎立的柱子支撐，大地則是被海洋包圍的圓盤。在海洋之外則是冥府，只能看到圓盤狀太陽的背面。冥府之外便什麼都沒有了——連空無都不存在。身為性格實際的民族，早期希臘人在自己的哲學中並沒有無限或空無的概念，畢竟這些概念在自然中是觀察不到的。在希臘人思想發展的數百年間，他們心中也沒有完全失去這種獨特的實在性。世界中的每樣事物，甚至諸神，都有具體形象——這種特質也為他們的視覺藝術推波助瀾。

我站在雕像庭院旁的出入口，正巧聽見幾個青少年在討論他們的指定作業。他們的報告似乎要探討「古希臘人真的相信他們的諸神嗎？說明你為什麼覺得是或不是，並引用兩件藝術品為證。」這是份令人敬佩的作業，我決定要竊聽更久一些，好得知這些學生的見解。一個女生一邊摳著嘴唇，一邊主張希臘人一定信神，那麼明顯，你看看四周，不就是嗎？雖然很奇怪，但……然後她聳聳肩。不過跟她一起的男生則不認為。他認為那比較可能像是惡魔：有人認為實際上是有惡魔的，像是一個「真人」就可以是惡魔，只是多數人認為那不過是故事，不是嗎？然後他們茫然地環顧周圍沉默不語的男女諸神，明顯陷入僵局。

我擔心他們最後會妥協於「是也不是」之類的虎頭蛇尾的答案，因此迅速介入。「嗨，你們需要幫忙嗎？」他們呆了一秒，看見我的制服，想著自己是不是惹了什麼麻煩。但我的表情讓他們安心，於是便說好。我告訴他們一個可以用於報告中的詞彙：「頓悟」（epiphany），希臘文，用來描述神的造訪。我說，古希臘人不管在夢中或清醒的世界中，都不時得到「頓悟」。「來看這個……」

我帶他們去看一個名叫「梅迪奇雅典娜」（Medici Athena）的頭部*2，這是古羅馬人仿製作品，原作是希臘古典時代雕塑家菲迪亞斯（Phidias）已經遺失的傑作（頭和身體都是）。我們一同看著這張臉。她平靜而不為所動，但也不僵硬或冰凍——這是智慧女神有了血肉時的柔韌形象，兼具堅定與力量之美。「雅典娜女神的智慧是特殊的。」我告訴他們。「你們讀過《奧德賽》（*Odyssey*）嗎？讀過，太棒了。在《奧德賽》裡，每次奧德修斯需要來點信心與啟發時，雅典娜都會現身。你知道這種感覺……本來充滿挫折感到嘔氣，但不知怎麼的，心情就突然放開了，你又有了精力和勇氣，能夠繼續努力，明明幾分鐘前還覺得不可能的。今天我們會認為這種改變來自自己的內在，但古希臘人不這麼想。對他們來說，所有的力量都源於外在世界，那些力量既強大又無法預測，像掌控人的命運那樣掌控人的情緒。雅

*2

典娜有時也被稱為近旁的女神，原因是她可以洞悉並轉化人的心思，引向更好的方向。」我指向那張臉。「你們不覺得嗎？稍微看久一點。看希臘人認為智慧應有的模樣。看她是否為你的心情帶來提升。」

他們也許只是在附和我，但一路點頭，彷彿我說了什麼有道理的話，而且邊觀看邊在筆記本上抄寫句子。然後他們說「謝謝你，先生」，動身去找另一位神祇——拜訪下一位大理石之神，以尋求頓悟。從遠處看著他們，我心中感到鼓舞。有太多參觀者以為大都會是藝術史的博物館，來此的目的是學習藝術，而非從藝術獲得啟發。太多人假定有所謂「知道所有正確答案的專家」存在，以為這裡不是一般人來此探究、掘取屬於自己的意義之處。我在大都會花的時間愈多，愈是確信這裡並非藝術史博物館，至少藝術史不是最主要的成分。其關心範圍上至天堂，下至被蟲蛀蝕的墓地，以及活在這兩者之間所有面向的感覺和意義。沒有任何專家專精於這樣的事情。我相信，當我們近距離辨識藝術能夠告訴我們的事物時，便會開始認真看待藝術。我希望這些年輕人會認真看到自己的作業，我也相信他們已經有了好的開始。

★

伊斯蘭展區在經過整整八年徹底翻修後，已經準備好重新開放，且備受期待。幾個月以來，我常撞見穿著白罩衫和紅氈帽的摩洛哥工人在八十一街入口外抽菸；他們建造的庭院據說是個奇蹟。剪綵前幾週，我前往午餐處時經過那個展區，看到戴維斯主任從兩扇拉門後面冒出來。我拉長脖子往裡瞧，他微笑，揮舞著無線電天線要我進去。「真的假的？」我一邊說，他一邊推著我進去。

「當然。」他說：「這裡是你工作的地方。」

我向一名警衛簽到，他正擔任著少見而令人羨慕的「坐式崗位」。我確認手錶。四十三分鐘。我有四十三分鐘忘卻午餐、探索即將開在我自己熟悉的老展區上方的新博物館。我從眼角捕捉到摩洛哥庭院的一點微光；不，我要好好的來。我深呼吸，把自己安靜下來，從頭開始。

我站在一個前導展覽室，裡面展示著來自世界各地不同時代的古蘭經。有一頁來自九世紀北非的藍染羊皮紙。*3 還有一個非常小巧的完整版本，小到可以掛在一名鄂

*3

圖曼士兵的脖子上。[4]也有一頁取自兩公尺高的古蘭經，原本的主人是突厥化蒙古人的帝王帖木兒。[5]

我轉身，開始進入排列成甜甜圈形狀的一系列展覽室，並發現甜甜圈中央的洞正是樓下的羅馬庭院。七世紀的大馬士革……八世紀的巴格達……接著往東前行，進入波斯與中亞……。各個展覽室都裝滿了美麗又實用的物品，從絲質和亞麻織品到玻璃和陶土製品，令人目不暇給。來到十二世紀的伊朗，我與一座獅子造型的鏤空青銅香爐[6]面對面，旁邊是一組八百年的棋盤[7]，上有鄂圖曼的國王、大臣、大象主教、城堡形的戰車。和許多已經沒人在玩的棋組一樣，這一組少了一枚小兵。

我留意著時間，快速掠過許多誘人的展品，可以預見這個展區將會有長久而引人入勝的未來。我不得不在真正的稀寶前逗留：在一幅六百年前的中亞繪畫中，毫無避諱地畫出了先知穆罕默德的形象。[8]（有些穆斯林會認為這是一種褻瀆。）我掃視了令人目眩的土耳其風格盔甲[9]，沒辦法花更多時間細看，因為摩洛哥庭院的景象再次映入眼簾，這次我忍不住直奔而去。

如果這是一個真正的中世紀庭院，在一所豪宅或伊斯蘭學校的中央迎向天空，我會跪在噴泉旁依照禮儀清洗手腳。這個噴泉的規模小得多，未來我將必須阻止訪客向裡面投擲硬幣。但整個房間令人震撼。近側牆上的拼貼馬賽克由手裁的磁磚組成，繁複的色彩與形狀在我腦中混亂喧鬧。我看向對面的牆，是同樣的馬賽克，但在一段距離之外匯聚成某種造型，非常有序卻又拒絕安頓下來。當我的眼睛找到某個設計元素並定下來時，忽然發現自己看到的是更大整體的一部分。稱為帶子的白色窄道穿過磁磚之間，相互交錯又匯聚成壯觀的多角星星，然後又競相往外曲折延伸，在別的位置形成更多星星。

然而庭院最令人驚嘆的奇蹟在頭頂上。兩側開放的出入口由柱子支撐，灰泥拱頂上的雕刻細密得像是蕾絲，又深到顯現立體感。某個區域看起來像是各式不同的乾麵條混亂地鋪排在餐桌上。別的區域像是糾纏的藤蔓、蜂巢、裝飾蛋糕上充滿褶皺的糖霜、小提琴的S形音孔、地鐵排氣孔金屬格柵上鋪排著細小的葉片、歐洲大教堂的玫瑰窗。我沒有足夠時間沉浸於這些景象。我的午餐時間快要結束。我離開伊斯

＊4

＊5

＊6

＊7

＊8

＊9

蘭展區，迫不及待地想要回來，每天守護這裡八到十二小時。

大約兩週後，我走進調度室，鮑伯花了一點時間找到我的名牌，拿在半空中對我說話。「布林利，因為新展區開幕，我們必須調換你的主要駐守區域。」他把我的名牌放到一個嶄新的欄位。「你去M區——伊斯蘭藝術區。」

★

長達三個月的工作就此開啟，我每天都在正式全名為「阿拉伯地區、土耳其、伊朗、中亞與晚期南亞藝術」的部門上班。從培訓期之後，我就不曾如此規律地在大都會的單一區域裡值班，而此時我也再一次感到自己完全沉浸其中。回想當時，我思索著古典大師的畫作，主要關心的是藝術的神聖面向，還有寧靜與超越俗世的沉默。在那之後，我對求知訪客和友好警衛的關心提高，將大都會較為入世的景觀與藝術混合在一起。在伊斯蘭展區，我找到一種憑藉，可以幫助我思索博物館（還有世界）的神聖與世俗兩個面向如何可以相互定位。

我曾被提醒過這件事可能發生，然後某天真的發生了：一位虔誠的穆斯林參觀者問我，我們是否面向東方。我們正看著一個稱作米哈拉布（mihrab）的祈禱壁龕[*10]，讓祈禱者可以面朝麥加的方向。我思索了一下，告訴他是的，我們正面向東方。他詢問是否可以祈禱。我不動聲色地告訴他當然可以，只是我們擔心跪拜頂禮的姿勢會有絆倒的危險性。他向我道謝，雙手合掌，專心地注視著祈禱壁龕。我也一樣，並想著當一個人的信仰具有單一的中心時（以這個例子來說，是具體的經度和緯度），是什麼樣的感受。對這名參觀者來說，這件藝術作品是一道入口，在入口的另一邊是他所感知到的神聖。

規則就是規則，不過這個祈禱壁龕的確是個值得頂禮的磁磚藝品。高三．三公尺，重兩千公斤，它曾座落於十四世紀伊斯法罕（Isfahan）的伊斯蘭學校，至今看來依然嶄新。磁磚構成的繁複馬賽克以藍、白、綠松石色為主要顏色，有著電光般的空靈，背景如天空，裡面裝飾著舞動的藤蔓花紋與筆力強勁的古蘭經經文。我特別留意壁龕最內部的上方，那裡有著彎曲、擺動、相互交織的線條，這些形象加總起來有如植物的生命。這些線條本身讓人想起攀爬的藤蔓和彎曲的卷鬚，可以得知祈禱壁龕的這個部分明顯是在讚頌自然：韻律和豐饒，繁盛與茂密，永久延續的運動與

⋆ 10

成長。

然後我的目光下移，進入壁龕內帶有尖頂的圓弧形凹穴。在此，伊斯蘭藝術的另一項基石——抽象幾何——與自然形式共享同一空間。在博物館的禮品店裡有一本關於伊斯蘭設計的書，談到許多數學，我花了幾次休息時間翻閱並困惑著，希望能得到湯姆一點幫助。就我能理解的程度而言，設計者總是從最簡單也最基本的圓形開始，加以切分，梳理出內部隱含的形狀。透過選擇性地消去某些線條，並在無限的網格上將某些線條往外延伸並重複，可以從原先的圓形創造出數不盡的圖案，而這個單一的圓形就是神的象徵。最後的成品中看不出原始圓形的痕跡，但仍是多重性底下的統一性之示現——這也是穆斯林信仰的教義。

當我把這些都想過一遍時，那位參觀者已經結束祈禱並走開了。我想著一天五次重複著讓人把精神集中於一體性的儀式，會是什麼樣子。宗教（religion）含有ligio這個字根，意思是繫綁。其基本形式是「連繫回去」，把一個人的注意力返回整個群體所認知的基本真理。我沒有歸屬於特定的宗教傳統，但常感到有必要「連繫回去」，掃除瑣碎的掛念，與某種更根本的東西聯繫起來。我雖不是以虔誠參拜者的角度凝視著美麗的祈禱壁龕，但也是一名參拜者。

★

每天在伊斯蘭展區工作，其中一件令人愉快的事，是認識這個展區的常任主任哈達德先生。哈達德先生約一百六十五公分，行止像個王子。他說的每句話都精闢又好笑，儘管他本人總保持在不超過微笑的程度。有一次，我正和他聊天時，有一名參觀者插嘴問起他聽起來很明顯的腔調來自何方。我們的主任面不改色地說：「華盛頓高中。」

後來我得知比較完整的答案，他的華盛頓高中在伊拉克，並曾停駐於幾個重要的國際大都市（米蘭、倫敦、伊斯坦堡……）。當然現在他住在紐約，還兼職擔任伊斯蘭藝術史的客座教授。我好奇他為何不是那麼喜歡紐約。「處處柏油路，人人皆競爭。」他告訴我：「沒有溫度、沒有空氣、沒有歷史感；所有古老與有意義的事物都被拆毀。」我反駁，指出不斷重建與改造正是紐約的歷史，哈達德沒有反對。「是的。」他說：「說得不錯。我就是不喜歡。」

以上是為了說明，有一天早上，哈達德把我安排在鄂圖曼展覽室中時，我腦中想的是神學之外的事情。我想著自己從未去過的城市，還沒有機會研究的歷史，一個創造出哈達德主任的多面向豐富世界。這天，「一體性」不像「多重性」的驚人多樣那般引我興趣。我聽過哈達德讚美伊斯坦堡，我想多認識鄂圖曼帝國的十件或二十件或一百件事情。

我把手肘支在一處欄杆，俯看著名的「西蒙內蒂」（Simonetti）地毯*11。細心設計的聚光燈照耀下，地毯顯得魔幻，像是氤氳池塘的多彩水面。如果我正好懷著某種心情，就會讓自己沉溺於那自成一格的視覺宇宙之中。不過今天的感覺不同，我看到的是某個巨大失落世界的殘餘廢墟。我想著曾經踩踏在地毯上的許多腳。這張地毯約在西元一五〇〇年時織於開羅，最早的擁有者是馬木留克人（Mamluks）。他們的歷史像是專門為了與現代人的思考方式作對而設計的。馬木留克是菁英奴隸兵的統治階層，主要由突厥人、切爾克斯人（Circassians）、喬治亞人（Georgians）與阿布哈茲人（Abjhazians）構成，他們在數百年間於開羅的政治中心指揮著自己的帝國。他們曾效忠於阿拉伯帝國的阿拔斯（Abbasid）蘇丹與埃米爾（Amir），但在

*11

十三世紀時奪權；儘管有許多奴隸已經晉升至王朝統治的最高位階，卻仍延續著奴隸制度。一五一七年，當這張地毯還只有十幾歲時，馬木留克被崛起的鄂圖曼帝國征服，不過仍代理鄂圖曼蘇丹繼續統治著埃及，直到一八一一年才完全覆滅——這個時間如此晚近，令我意外。

我認真看著地毯，感到眼前成千上萬的編結與織線就像是喻示著現實的緻密，現在與過去皆然。我意識到世界往四面八方展開，含有深奧難解的豐富細節，是上演著各種輝煌或平凡的人間戲劇的舞台。我也意識到自己鋪陳出的歷史圖像是如此貧瘠。我只用簡短的詞彙如「埃及」來代表尼羅河邊數千公里的地域和數千年的歷史，而其中每一寸時空都是無盡地複雜。俯看這張地毯，感覺就像是愚人妄想從超越性的問題裡得到抽象的答案。我愈是細察，就會看到愈多，也愈加明白自己看到的有多麼侷限。世界就像是拒絕被合併的巨量細節。

★

在M區的第三個月將近尾聲時，我盡早來到崗位上，挑一張椅子坐下。這總讓人感到奇異又美妙。這個展區的設計者在波斯細密畫（Persian miniature）前放了幾張木頭凳子，連帶也使得訪客在這些豐富精緻的作品前流連不去。我坐下的位子是一張十六世紀蘇菲教派苦修僧的畫，這名苦行者的形象有點像和尚。＊12 這張畫在紙上的肖像來自相當於今天的烏茲別克之處，畫中主角穿著橘色斗篷和易於辨識的頂針形帽子，蹲低身子接近地面，目光落在彎曲的鼻梁上。手上祈禱用的念珠提示著苦修僧每日進行著儀式化的作業，為的是得到對於神性的直接體驗。神比我們的頸靜脈更接近我們，古蘭經指示；蘇菲派努力將此銘記於心。

我真喜歡「坐在」藝術前面的感覺！然後我花時間好好讀了這張畫的說明，其中包含了阿拉伯銘文的翻譯：

那麼為何我要服膺於給了我靈魂的天堂？因為天堂在我裡面創造了致使靈魂受苦的悲哀之源。

＊12

我反覆唸了這些句子兩三遍，驚異於這裡對神提出的控訴之尖銳。這幅畫是如此節制而又大氣，讓我對這位苦修者的哀怨之言疏於防備。這張肖像把一張人的臉孔——現在我可以看到，是一張憂鬱的臉孔——置於我正在思索的一些問題之中。我不禁想，讓此人心痛的原因，又是什麼？

在往返於工作的地鐵上，我開始閱讀有關蘇菲教派的書。我找到的最好的書是關於十三世紀一位名叫伊本·阿拉比（Ibn 'Arabi）的神學家的書，剛開始閱讀時，我預期他的世界觀對我會十分陌生。然而這位伊本·阿拉比卻有著某種令人著迷的特質。他一次又一次堅持，我們了解的道理比自以為知道的多——我們應追求的是親身體驗的知識，而且對此我們擁有取得知識的正確工具，「沒錯，就是你自身」——這似乎是他要傳達的核心，正如同華特·惠特曼（Walt Whitman）詩作裡的精神。

在伊本·阿拉比的概念中，我們有兩種觀察事物的方式。首先，在我們的心之核心有一種覺知能力，這是我們意識的一部分，可以精細校準來接受真實，這是一種直接領略世界之美與崇高的能力，因此我們能感到真實（或說神）就在此處且昭然若揭。這種觀看的方式，也正是祈禱壁龕帶給我啟發的方式。

但我們還有理性之腦，這提醒我們自己所見的世界只是微不足道的一小部分，我們解讀終極真實（或者多重的真實）的途徑是如此侷限。以這種方式看待宇宙，真相看似遙遠且難以捉摸，終極的真實令人感到無能參透。看著「西蒙內蒂」地毯時，我感受到的是這種方式。

對伊本．阿拉比來說，這兩種觀察方式是互不相容的，正如人臉上有兩個各自分開的眼睛。他主張我們兩者都需要，且可以隨著心的脈動在兩種方式之間切換。讀到這裡，我抬起頭。我在一輛往曼哈頓的車中，正從布魯克林的地下冒出，轟隆地過橋。與我同車的乘客在週日早晨通勤，看著世界從我們窗外滑過。這些眼睛各有不同：空洞、夢幻、精明、迷茫、閉上。大約四十分鐘之後，我開始值班並要求哈達德主任把我派到苦修僧附近。我再次看著這個心中感到如此悲慘、質問為何自己擁有心的人。做一個機械化的信仰者當然是比較容易的，只要複誦祈禱詞，不用承擔觀看或思考或感受的責任。但這名苦修僧沒有選擇那條道路。

我想，這名苦修僧把自己的感知能力推到極限，在那裡，痛苦和耗竭有時會說謊。不知為何，我有信心，相信他的精力會恢復，並再次開始往前推動。我透過自己的一種眼睛，對這位十六世紀的神祕教派追隨者感覺親近。然後我的心跳動，感覺他既遙遠又陌生。然後我的心再次跳動，他就像這幅畫一樣，就在此處。

10 老兵

曼哈頓的上東區可謂是便宜便餐和簡單飲料的荒漠，但不知怎麼的倒是有一間樸實無華的酒吧，叫做卡洛之東（Carlowe East）。愛爾蘭旗子尋常地掛在外面，旗子下方尋常地聚集著氣氛歡樂的吸菸者。裡面則是你在口渴時可能已經造訪過無數次、氣味不怎麼樣的暗色液體的出水口。週日晚上是我們主要的暢飲之夜，因為博物館週一休館，我們大部分人不用工作，有工作的人負擔也較輕。「但你們有聽到小道消息嗎？」萊斯特先生問大家，喝著暢飲時段的折扣啤酒：「很快我們就要開館七天了。真是的！我猜如果技師必須把東西移位時，我們得用繩子把展覽室圍起來。可是我喜歡我的週一加班日——看那些索具工把雕像抬起來讓我覺得緊張刺激得要命！」

「你們有在週一把約會對象帶進去過嗎？」羅尼插嘴。「他們超愛的。每個人都喜歡被帶進禁止進入的門裡面。簡直讓跟警衛約會變成好事。」

此時是傍晚六點，在這裡的不只有平常會聚在一起喝酒的人——年輕警衛、沒有小孩的警衛、有點狀況的警衛——同時也有有家室的男女，稍作停留「只喝一杯」；這通常被理解為「兩杯」。

這群人裡包含特倫斯和約瑟夫，我請他們今晚出來碰頭。他們稍微遲到（排隊換衣服的人太慢），走向吧台，讓我請他們一輪美樂啤酒，並表示之後由他們各付一輪，所以會喝三輪。電視上播放著運動賽事的精彩片段，我們回憶著一起去看過的布魯克林籃網隊（Brooklyn Nets）球賽。我們坐在高高的便宜票區，約瑟夫暈眩得厲害，可能讓人以為我們搭了雲霄飛車的三百六十度迴轉。為了換到較低的座位區，他以同袍意識為訴求來央求一名有同情心的招待員：「我們三個都是警衛，就像你一樣！」

電視螢幕上出現了棒球，讓特倫斯想起世界上另一種使用棒子擊球的球賽：板球。西印度群島板球隊被他叫做「西隊」，剛經歷「九次三柱門的上午」之類的戰績。但約瑟夫把話題轉回一個他已經提過多次仍不願放棄的話題。「為什麼他們叫布魯克林籃網隊，不是紐約籃網？」他以苦澀的失望提問。「你，派翠克，你是芝加哥和布魯克林人。你，特倫斯，你是圭亞那和皇后區。我，約瑟夫，是多哥和布朗克斯。如果籃網隊贏了冠軍，應該要在百老匯遊行（英雄峽谷！）而不是弗萊布許大道（Flatbush Avenue）！我們是一個紐約！」

喝完我們的第一輪美樂啤酒，我們把凳子轉換方向，加入更多人的聊天。這包括羅尼和萊斯特先生，兩位都是固定班底；還有幾位主任，看他們穿便服感覺還不錯；還有三個朋友，我們在來酒吧的十分鐘路程上一起走著：來自夏威夷的露西、西徹斯特的布雷克，還有康乃迪格的西蒙。

布雷克跟我們分享工作上發生的事。「聽我說，在B區的法國展覽室，就是有〈遭劫掠的薩比奴女人〉（The Abduction of the Sabine Women）*1 那間，我看到一個小鬼用鉛筆後面的橡皮擦去戳一張畫。我想說老天。我要那小鬼站在那裡，然後我檢查那幅畫。然後我想——我覺得——在被戳的地方可能有一個小小的印子。所以我叫人來。技師來了。然後是最驚悚的部分——技師用手摸遍那個地方，很用力，簡直像在抹防曬油。然後他轉過來對我說：『沒事，不管那印子是什麼，都是在幾層漆底下。很老了。』」

露西切入，講述下一個故事，某個參觀者詢問以下展覽室的位置：八一三、四三二、七三二、六二二……。她的語調以滑稽的方式淡出，我們都忍不住

*1

呻吟起來。博物館不久前發行了新設計的地圖，圖上記載了一大堆展覽室號碼，老資格的警衛裡沒幾個人想記。「只要告訴我你在找的東西就行」是常見的自我克制的回應方式。「木乃伊、睡蓮、瑪麗・卡薩特（Mary Cassatt）？告訴我名字，我告訴你位置。」我們一邊喝酒一邊談論博物館一種緩慢潛行的變化。在長久擔任館長的菲力浦・德・蒙特貝羅（Philippe de Montebello）揮別這個職位後，這種變化開始，對我們某些人來說覺得企業化而少了人性。「不管你對菲力起司牛排有什麼意見……」西蒙接話，以「菲力浦」即興創造了個名字：「但他從來不會要我們學如何算數。」這是個很好笑的諷刺，但我們全都忙著為具有貴族氣息的德・蒙特貝羅的暱稱「菲力起司牛排」而笑翻。

「很讚。」特倫斯說：「就像你叫一個大胖子是『小子』。」

通常，與工作相關的話題會轉為教職員休息室般，以稍微誇張的方式談論那些小怪獸的發洩性對話。在這方面，我也有個值得分享的故事。「我在第三組，萊特斯曼（Wrightsman）。」我告訴眾人，他們知道那代表法國裝飾藝術區。「已經要閉館了，但有個人在我的展覽室裡——有錢人，時髦的那種：頭髮留到肩膀，看起來太過合身的昂貴西裝，還有個小兒子，打扮風格和他一樣。我告訴他：『不好意思，五點十五分。博物館已經閉館。』他完全沒有看我，一隻手舉到半空中，就像棒球選手指示時間一樣。」

「他說：『五分鐘。』就這樣。連問號都不是，就是句號。」

「我說：『很抱歉，我們的規定沒有辦法，但我讓您再多待十分鐘。』然後我清空另外兩間展覽室，那裡的人都很配合。當我繞回五分鐘先生那裡時，他臉上有種可愛的輕笑。他覺得很驚奇。他覺得『我』竟然要求『他』配合，不管他是誰。我說：『先生，麻煩您……』希望說動他的人性面。但他不退讓。很自然的，其他警衛開始探頭過來看這邊發生了什麼事，很快的他面對我們十六人，整個區的警衛，朝著他的方向踏腳並盯著自己的手錶。終於，富蘭克林先生怒吼『關門！關門！關門！關門！關門！關門！關門！』你們知道富蘭克林先生的風格，他可以強勢到讓人不得不接受，因為語調裡也表示他覺得很無聊了。那是無敵的。所以我們這位先生終於投降。但當他離開時，一定得當那個有最終發語權的人。他告訴他兒子：『小人物，權力也小……這就是人生。』」

我沒有得到預期中的笑聲。最後那句話來得沉重，引起嚴重的搖頭，還有當大家仍在想著這個糟糕例子時，有一聲「去他的⋯⋯」。我們都曾被人當作鞋底的口香糖那樣對待過。要做一個警衛，就不得不偶爾遇上混蛋，用各種不同的方式提醒你：你只不過是個警衛。情況好的時候，我們不會把這當作侮辱。但情況不好的時候，有時的確會覺得渺小無力，就好像那些欺負人的人真的得逞。不過在這種時候發生的日子裡，至少當我們在酒吧聊天時，可以讓他們擔任故事裡的壞人。

約七點時，人數開始減少。特倫斯、約瑟夫及和他們一樣的人回到自己家人身邊，由我們剩下來的人為夜晚保持活力。露西隔著一張在點唱機旁擋路的桌子向我揮手道別，我則來到吵雜又潮溼的吧台，加入幾個朋友組成的舒適小角落。我曾經抗拒了很長的時間，但此時我已找到想法相近、讓我不再覺得孤單的年輕人。我們都在三十歲上下，在這個年齡，朋友不再是你炫耀自己的對象，你開始尋求他們的支持。這是個尷尬的年齡。成人的實習階段已經結束，你真正面對成年期的降臨，必須再一次搞清楚如何運用自己的人生，而且這次可能不能再改變主意。我們四人之中，我是唯一刻意想成為博物館警衛的怪胎。西蒙本想成為老師。布雷克的主修是地理學。露西擁有詩學的藝術碩士。對於自己的人生到底想要如何，我們這桌人並沒有太多的確定性，即使事情已逐漸變得更加清晰：就是這樣了，這就是人生。

隨著夜漸深，酒精逐漸發揮效力，我們變得沒那麼玩鬧，比較誠實，卸下防備，表露脆弱之處；而且，雖不知在外人眼裡看來如何，但在我們自己看來，我們的談話優美。像這天及未來許多週日裡，我們還會談到父母過世、談到健康問題、談到心理健康的掙扎。我們將會舉杯恭賀露西的詩作在文學雜誌裡發表，我們會在布雷克的開麥之夜脫口秀表演前先幫他暖身。西蒙和露西將會在這樣的桌邊陷入熱戀，而未來恢復朋友身分時他們也仍彼此友善。然後有一天西蒙會宣布他遇到一個女孩，將隨她搬到猶他州，而最終他其實會找到郵差的工作，和幾條狗一起住在山上。真狗屎。在過度嘈雜的酒吧提供的私密空間裡，我們談論著這些狗屎。

★

我在伊斯蘭展區的第三個月結束時，這裡已經運作得相當順暢，而我可以選擇是否要轉換新的主要常駐區域。M區所有正規班成員都面臨同樣的選擇，所以我們花了點時間推敲可能的選項。或許R區？（根據警衛部門的邏輯，R包含了現代、非洲、大洋洲和古代美洲藝術，以及季節性的屋頂雕塑花園。）噢，不過那裡距離置物櫃室很遠，有人這樣提醒……是沒錯，但那裡大部分有鋪地毯，另一個人說……對，但你會遇到很多人堅持自己的小侄子就可以畫康丁斯基（Kandinsky）……沒錯，但又怎樣，太好笑了……

好吧，那F區（亞洲藝術）呢？大家都同意那裡安靜得不尋常。身為老經驗的警衛，我們了解照明的力量，也知道因為F區對黑暗與聚光燈的使用，會讓人壓低聲音說話，好像生怕吵醒了雕像。我們的意見分歧之處在於各自有多喜歡寂靜。有些人寧可每天每小時都和小學生混在一起（這樣的人應該去埃及區）。對於常駐在各區的主任，大家對他們是否好相處、是否公平，也有很大的歧見。

過去我有意避免發展出這類偏好。對這個組、那個展區或這個主任或那個休息時間表達意見，會打破我被施予的魔咒；我只是出現在鮑伯把我派去的地方，然後沒入安靜的一天。但最終魔咒還是打破。我不想再表現得像是個天真新手的那天終於來臨，而開始對於能夠自覺稍微聰明一點、有區別力一點覺得愉快。偶爾我喜歡參與同事間的閒聊。偶爾我抱怨或哀嘆。而緩慢地，我的確發展出某些心中的習慣，會讓當初較資淺的自己感到驚訝，甚至失望。

最後當我決定自己的常駐區是G區（包含美國展區、樂器、兵器和盔甲）時，理由並不是那麼高尚。那裡廁所很多。地點就在置物櫃室正上方。辛吉主任，當時那區的負責人，讓我們選擇自己的組別。除了上述理由，此時的我沒有心情去開發不熟悉的領域和問題。我喜歡同伴（約瑟夫和特倫斯都在這區），還有，身為美國人，我不介意嘗試一點在美國藝術展區可以得到的資訊。

這個展區最著名的畫作是顯得有些正式的〈華盛頓橫渡德拉瓦河〉（*Washington Crossing the Delaware*）*2，雖說沒有人真的很嚴肅地看待之。那幅畫並不讓人生畏，而是令人愉快。參觀者直接走上前，會說出像是「哇！這畫大到塞不進高架橋下！」的話，好像這是到處都會有的路邊廣告。我常常喜歡停駐在這幅畫的前面，俯瞰入口大廳，觀察來訪者第一眼看到喬治時的樣子。看他們無視約翰・辛格頓・科普利（John Singleton Copley）畫的美妙肖像*3，向著我小跑步過來，一邊取出相機或手機。我喜歡看某個爸爸縮起啤酒肚、擺出華盛頓的姿勢，惹得全家大笑。我喜歡告訴大家：沒錯，這幅畫是真跡；不是，這張告示沒說它是複製品。（告示說的是畫框，但策展人實在該知道把「複製品」一詞放在任何名畫旁都會引起問題。）

*2

*3

我喜歡和人爭論划槳船是否真能把馬載到戰場，我喜歡聽自詡博學的人說畫家所畫的美國國旗在渡河當時其實還不存在。我喜歡幫助人正確念出畫家的名字艾曼紐．洛伊茨（Emanuel Leutze），美國藝術終極的最熱門畫作。而且我不太介意自己發展出不那麼虔敬的態度，或者感興趣的領域不那麼獨特。美國藝術展區感覺上正是合適的地方。

在主要的繪畫展覽室下方，有一個夾層，是整間博物館最奇怪也最不拘一格的地方。這個「開放式庫房」收藏了數萬件找不到適當展覽室的收藏品。這裡的標示不多，參觀者在兩旁夾著高高玻璃櫃的狹窄通道中前行，櫃子裡展示著過去四百年間與美國有關的一大堆東西。如果你喜歡桌子，這裡有餐桌*[4]、茶几*[5]、工作桌*[6]、牌桌*[7]、折疊桌*[8]、豎面桌*[9]、長桌*[10]，還有櫃桌*[11]。如果你偏愛時鐘，這裡有立鐘*[12]、座鐘*[13]、壁鐘*[14]、橡實鐘*[15]、燈塔鐘*[16]、斑鳩琴鐘*[17]，還有里拉琴鐘*[18]。這個夾層，是大都會裡遊客會說某個物品「就和芭芭姑媽的一樣」的地方。這裡是可以在神聖的傑作之間喘口氣，並享受鏡子、糖夾、消防員的皮革消防帽與帽子上的盾形標章之處。

夾層確實也有「藝術品」，但並沒有得到特別的排場。許多雕像不太舒服地擠在一起，就像中學舞會上的男女學生。幾百幅畫上下左右彼此鄰接，在居身的長長玻璃櫃中形成拼貼馬賽克。走在這些玻璃櫃之間，我覺得被幾十對畫中之眼注視，這些眼睛屬於賈柏・佩利特（Job Perit）*19、湯瑪斯・布魯斯特・柯立芝夫人（Mrs. Thomas Brewster Coolidge）*20、亨利・拉・圖雷特・德・古魯特先生（Mr. Henry La Tourette de Groot）*21，甚或一些名字沒那麼嚇人的早期美國人。通常這些肖像畫的主角都努力讓自己看起來盡可能成熟老練，而畫出來的風格或許比他們所想的更為樸實無華。早期美國畫家羨慕歐洲文化，但無能仿效其精煉優雅，不過這也是他們的引人之處。

*4 *5 *6 *7 *8 *9 *10 *11

*12 *13 *14 *15 *16 *17 *18 *19

*20 *21

像這樣一個如同閣樓的地方，收藏的程序到底是怎麼進行的，自然會引人好奇。某天，我碰巧看到博物館最早收藏的一些畫作。作品標示牌底下一組序號般的登錄號給了我線索。通常這些號碼較長，像是2008.II.413，但我找到的數字是74.3，意思是這幅作品是在一八七四年納入收藏的，比大都會在永久地址落腳還早了六年。這些畫是約翰·弗雷德里克·肯塞特（John Frederick Kensett）優雅低調的風景畫*22，他也是博物館的創始人之一。在他成長的時空，風景畫家並非一種專業，所以他學習版畫，後來找到印鈔所需的雕版工作。在他生活的時代，紐約正在快速發展擴張，他結交了哈德遜河派（Hudson River School）的藝術家，並加入創建美國第一個大藝術博物館的功業。

只是一開始博物館並沒有那麼大。像羅浮宮那樣的博物館，是皇室的收藏。大都會得仰賴公民的力量——商人、金融家、思想家、藝術家，這些人組成了最早的管理委員會。很多年間，大都會難以取得足以拿出來展示的收藏，必須仰賴難以預期的運氣——如捐贈和遺贈——而這多半是意外而非可以計畫的。我發現，肯塞特的風景畫是在他為了救助一名女士而在長島灣溺斃後，由他的哥哥捐贈的。這些作品被稱為「最後的夏日之作」。

我有個習慣，總要把說明讀到最後一行，然後發現有一個名字到處出現：羅傑斯基金（Rogers Fund）。大都會取得藝術品的途徑包括捐贈、遺贈以及購買，而其中對大都會的購買能力負有最多責任的人莫過於雅各布·S·羅傑斯（Jacob S. Rogers）了。羅傑斯是個火車製造商，生於一八二四年，當時美國第三任總統湯瑪斯·傑佛遜（Thomas Jefferson）還在世，卒於爵士音樂家路易·阿姆斯壯（Louis Armstrong）出生前一個月——由此可見美國歷史之簡短。根據我在夾層的公用電腦上進行的搜尋，單單在美國藝術展區，就有超過一萬五千個物品上附著他的名字。十八世紀用來修理篷車的千斤頂＊23？羅傑斯基金。蒂芙尼公司（Tiffany & Co.）生產於一八七九年的銀盤子＊24？羅傑斯基金。然而他活著的時候，對藝術沒有特別感興趣，大都會幾乎完全不知道這個人；他死時沒有舉辦葬禮（根據他本人的遺願），宣讀遺囑時，沒有人知道到底會發生什麼事。由於只有他本人知道的理由，這個脾氣暴躁的怪人幾乎沒有留下什麼東西給他僅有的親人（幾名姪兒姪女只收到微薄的遺產），卻把他

＊22

＊23

＊24

價值五百萬美金的遺產給了大都會——在當時是驚人的數字。大都會的捐贈瞬間變得不容忽視。羅傑斯的財產直到今日仍帶來利潤。這都要感謝他的壞心眼或一時心血來潮，當然還有在美國大陸上噴煙的鋼鐵戰車。

收集物品的衝動不僅攫住個人，也攫住博物館。J．P．摩根（J. P. Morgan）是大都會的第四任館長，把他大部分的錢換成珍稀的手稿和藝術作品，現在有七千多件保存於大都會。約翰．D．洛克斐勒（John D. Rockefeller）在摩根的遺囑公開會上打趣地說：「而且想想，他根本不是有錢人！」博物館從並非有錢得冒泡的人收到贈與收藏，是很少見的，而我最喜歡的例子就放在夾層這裡。

某個週間的下午，我被派到伯迪克收藏（Jefferson R. Burdick Collection）。和我一起的還有辛格主任。這位語調溫柔的上司現年七十多歲，而且似乎永遠不會退休。在大都會待了四十年的他，完全適應於寂靜。已經幾分鐘了，我們兩人雙臂叉在胸前，連一個字都沒說。

「辛格先生，你喜歡棒球嗎？」我終於試著說。我們四周圍繞著彩色長方形卡紙上的球員肖像，整齊排列成網格狀，都裱了框。這些棒球球員卡包含了威利．梅斯

（Willie Mays）＊25、何那斯·華格納（Honus Wagner）＊26，一路回溯到金恩·凱利（King Kelly）＊27——他們叫他「一萬元凱利」，因為波士頓食豆人隊（Boston Beaneaters）在一八八六年時總共付給了他這不像話的金額。

面對我的問題，辛格先生臉上顯出愉悅的光彩。「不喜歡！」他堅決地說。「但我喜歡板球。」

「你看看這裡……」這位圭亞那人與我一起走過十九世紀球員卡——這些卡片是經過幾個步驟，高明而漂亮地製作出的彩色平版印刷品，之後再放入香菸和菸草包裝裡。他指著中外野手傑克·麥基奇（Jack M'Geachy）的圖片＊28，圖中的他雙手有如承接雨水般捧在一起。「沒有手套！」辛格先生說：「在板球，我們還是這麼做。你了解我的意思嗎？懂嗎？我們就只用這個從空中把球抓下。」他把充滿皺紋的手展示給我看。特倫斯教過我一點跟板球有關的東西，但我如果在此時對辛格先生提出

＊25

＊26

＊27

＊28

意見的話就太蠢了。我善用自己的無知，很快的，他就開始做出擊球姿勢和投球技巧。

「你知道還有誰不喜歡棒球嗎，辛格先生？」輪到我的局時，我這樣說。「傑佛遜·伯迪克（Jefferson Burdick）！大都會擁有古柏鎮棒球名人堂之外最棒的棒球卡收藏，三萬張卡，而這都要感謝一位來自雪城、從來沒去過棒球賽的電工。伯迪克對棒球沒興趣；他有興趣的是卡片。明信片、廣告卡、菜單、情人節卡……所有時效性短暫的東西，他都收集，從未付超過一美元買下任一張卡，而現在這裡有些卡價值數千美元（或者我們的何那斯·華格納甚至價值幾百萬）。一九四七年他來敲大都會的門時，已經有超過二十五萬件收藏。他人生的最後幾年都待在繪圖及印刷圖片部門，試圖幫所有收藏編目。」

「這個伯迪克聽起來是個不簡單的人物。」辛格先生說著，仍因板球的記憶而顯活潑。「他會是第一流的警衛人才……」

★

最近，辛格先生把我派到樂器展覽室。這裡的收藏令許多參觀者感到意外，事實上有些人還感到悲傷。有一次我正在一把吉他旁工作，這把吉他被古典演奏名家塞戈維亞（Andrés Segovia）稱為「我們這個時代最偉大的吉他」*29；一位訪客駭然地轉向我。「你讀過這個沒有？」他說，然後他看著這具樂器，就像是被鍊住的金剛。「為什麼把他關在櫃子裡？我是說，怎麼回事？」他告訴我，他是高中樂團退休老師，會「稍微巡迴演奏一下」爵士長號。我想起自己高中樂團老師的驚人才能，問他，依他所見，這裡的樂器中（我指向整個展區）有多少還能演奏。「難聽的？或許全都可以。」他說：「如果你給我足夠時間摸摸玩玩的話……」

他離去時，我想像自己在一個沒那麼謹慎的博物館，他們會僱用一個音樂性絕佳的人（世界上到處都有這樣的人），可以自由打開玻璃櫃，摸摸玩玩這些樂器。在大眾面前，每天她都會自學波斯的卡曼切琴*30、日本箏*31、美洲蘇族原住民的求愛笛*32、義大利大鍵琴*33。熱門程度會超越想像。參觀者非常喜歡在難得機會下看到人與藝術品的互動，如果看著熱情又細心的人讓這些樂器恢復生命，會是非常令人觸動的。

* 29

* 30

* 31

* 32

* 33

我已經可以聽到策展人、修復者和保險理算師的反對，即使他們列出的一長串理由都不可能發生。但我不知道，你是寧可百分之百確定史特拉迪瓦里琴*34絕對不會發生任何意外呢，還是寧可讓你的史特拉迪瓦里琴流洩出音樂呢？兩者不可兼得。

無論如何，這個展區仍有許多令人喜愛的物品。真幸運這些樂器填滿了美國藝術展區的一些空隙。我最喜歡的其中一個樂器，是在尼加拉瓜瀑布附近的易洛魁族以擬鱷龜製作的手搖鈴*35。這個樂器的外型很吸引人，龜殼有如棒球手套一樣大，而把手端有個膨起的頭骨。不過這個手搖鈴最重要的地方倒不在於本身的模樣，而是在神聖儀式之中，舞者與樂器達成一致的節奏——不管是變慢或加速或扭曲時間。在我看來它既有玩趣，同時卻又事關生死地嚴肅。它本質上和小孩的手搖鈴沒有不同，只是放入了櫻桃籽的中空容器，但話說回來，吉他也只是木箱加上振動的弦而已。同時，又可說它諭示著拉丁銘文 memento mori——勿忘死亡——的意義，比如我可以在腦中描繪製作者把柔軟龜肉切開挖除的過程。奇怪的是，這些不同的面向感覺上都是有關連的。你的死亡不久即將來到；以棄卻的殼來搖出聲響。

* 34

* 35

由於這些時日美國占據我那麼多心思，讓我受到一種屬於美國的樂器所吸引——斑鳩琴*36。大都會竟擁有一把由一名喬治亞州的黑人手製的琴，他製琴的時間可能從一八五〇年便開始，可惜這位製琴師的名字已經在歷史中遺失。這把琴的外觀極度簡樸，卻又那麼討人喜愛：一圈羊皮緊綳在以蒸汽塑型的木製圓環上，一柄逐漸變細的無裝飾胡桃木琴頸，琴頭上有著木製弦鈕。我猜要讓它維持音準應該不是普通的困難，但曾有人十分仔細地照顧這把琴——或許是它的製作者，彈奏這把琴能給予他亟需的宣洩，和他生活中各種面向的需求一樣重要。它看起來就是那樣地被愛惜過。

有時我真想攔住參觀者，邀請他們像對待〈華盛頓橫渡德拉瓦河〉那樣，為這副樂器拍照。它看起來就像美國音樂演奏的完美象徵，而且有可能是美國最豐富、成就最高的藝術形式。最早的斑鳩琴是在西印度群島以葫蘆製作，我不用走很遠，就可以看到為斑鳩琴帶來啟發的其他樂器：非洲魯特琴、豎琴、里拉琴及齊特琴；還有歐洲魯特琴和吉他。

要感謝第八十六街地鐵月台上的那個街頭樂手，當我在細看非洲豎琴*37令人讚嘆的外型時，腦海裡還響著這種樂器的聲音。它有二十一條弦，由葫蘆和羊皮構成的琴身就像胖子的肚子一樣大，像枕頭一樣柔軟。我再看一次小型的斑鳩琴，這位非洲傳統的後裔與美國傳統的祖先。我以一種微小的方式身為這份美國傳統的一部分。成長過程中，大衛舅舅在營火旁演奏藍調、藍草、工人之歌和牛仔之歌時，我負責幫他拿手電筒。我的大衛舅舅現在病了，而身為他某種意義上的學徒，我將會是未來的家庭聚會上在營火旁彈吉他的那個人。

★

G區的最後一部分是兵器和盔甲，這些物品與樂器有個共通之處，就是原本都該要得到使用的，並非只是給人看的。只是以兵器和盔甲而言，無法使用或許更好。當我被派駐於穿著閃亮盔甲的騎士（這是小朋友說的）之間時，我發覺自己有時對這些乘坐於假馬上的空心人背後的意義感到驚駭。是沒錯，這些帶有蝕刻和浮雕、發著青光和銀光的鐵衣，有些的確作工驚人。我也很樂意回答關於武術規則的問題，或這件或那件展品的確切重量。但隨著這些盔甲逐漸變得熟悉，我卻不禁開始解讀

★ 36

★ 37

他們的性格，而有許多就像夢魘。例如一個典型的比武用頭盔，擁有巨大突出的下顎和狹縫般瞇起的眼，是一種魔物般的形象。想像穿著它的人活動的樣子，我看見的是一個腳步沉重的愚蠢殺人機器，那曾經如青年雕像般的軀幹，現在要愈像坦克愈好。最野蠻的臉孔要屬一個叫吉爾斯爵士（Sir Giles）的頭盔*38，他在一五二〇年於著名的「金帛盛會」（Field of the Cloth of Gold）參與了步戰比武（對手間遵照規則持武器打鬥）。缺乏裝飾的它完全沒有屬人的特徵，只有微小孔洞組成的網格，讓吉爾斯爵士（勉強）能夠看和呼吸。它就只是個巨大中空的沉重金屬球，當你在敲扁對方的頭時可以保護自己的頭。

然後，在某個時間點，這所有的鋼鐵盔甲都消失了。一九四四年當我祖父降落在諾曼第的海灘時，他穿的是棉製品。這並不是因為人類變得比較不暴力，而是因為武器勝過盔甲太多，幾百年來用以防禦的發明變得無用。某種角度來說這更令人恐怖。為了瞭解事情改變的樣貌，我稍微散步到展區的遠端，去那裡看槍。在十七世紀後段，火器的力量變得夠強，穿得像《綠野仙蹤》的錫樵夫已無任何意義；子彈可以把你打得像個漏勺。然而一直到十九世紀，射擊一把槍的程序，與這個武器的最原始階段並沒有太大不同。在每次開槍前，你必須量好火藥，倒入槍管，投入一顆彈丸，用推彈桿將之壓實，把底火加入火藥池，用擊打燧石點燃，射擊，然後再重複所有程序。這方法並不適合更為現代的暴力形式；而為了追蹤新的發明，我發現自己再次來到美國。

在兵器和盔甲收藏裡少數的美國物品之中，是放在同一個展示櫃中的十六支柯爾特（Colt）左輪手槍；你恐怕很難在這麼小的空間裡裝下更多美國的暴力歷史了。我看著最早的一把槍，一八三八年生產的小巧武器＊39，以及它名符其實的革命性特色：一個容許子彈快速連發的轉動式滾輪。這支擁有專利的手槍的槍管正對著柯爾特一八五一海軍型左輪手槍（Colt Model 1851 Navy Revolver）＊40，上面刻著德克薩斯共和國與墨西哥之間的戰爭景象。美國佬塞謬爾·柯爾特（Samuel Colt）選擇這個圖像來奉承他早期最重要客戶。後來證實，他的左輪手槍正是對科曼奇人（Comanche）挑起戰爭並把他們逐出家園所需的武器。這種武器成為美帝國建立起來的代表性武器，不只在德克薩斯，還跨越整片大陸，它所驅逐的原住民族戰士能夠以每二到三

＊38

＊39

＊40

秒一發的速度射出弓箭，比火器要快得多——直到左輪手槍來臨為止。塞謬爾．柯爾特的影響還不止於戰場。到美國內戰結束時，柯爾特的手槍已賣出四十萬支以上，為了生產，柯爾特的新目標是生產能夠完美替換的機械部件，讓製造業生產線的發展大為躍進，這種組裝形式就是後來為人所知的美國系統。一八五五年，他占地二十一萬平方公尺的廠房開張，配備有敲打、刨削、鑽孔、剉削的機器，把金屬塑造為一模一樣的大量生產部件。這是世界與過去再也不同的最明顯徵兆。

我仔細觀看一把訂製於一八七四年，但仍持續生產至今的點四五口徑左輪手槍：標誌性的單動式陸軍型手槍，喪心病狂似的以「和平使者」（Peacemaker）*41之名賣給平民。（在西部流行起一句話：「上帝創造了人；山姆．柯爾特使人人平等」。）我的視線順著槍管移動，無法決定這是否算是藝術品，但如果算的話，是一件現代藝術。

★

現在做這份工作已近五年，我有了自己的習慣。我有了自己建立起來的朋友群。我知道自己工作時較喜歡和較不喜歡的展覽室。而聽到熟悉的對話時——「你覺得印象派的畫為什麼看起來總是那麼模糊？」——我知道何時及如何提供一點自己的意見（雖然此時我更少加以干涉）。換句話說，我已是個自在的老手。我已造出適合自己的規律，且不用多花力氣就可以維持。大部分日子，執行這件單一工作感覺上很……正常，像任何舊工作一樣。有些日子，這種狀態則使我產生渴念與懊悔。

有一天早上，我第無數次被派到美國繪畫展覽室。牆上的畫看起來正好呆板又無趣——這不是對那些畫作的非難，只是承認對老手的一週來說，時間已經多到足以讓藝術品看起來有各種不同樣子，甚至連看都不值得看。曾經在我的上午裡瀰漫的寂靜氣息，已比過去更難獲得。現在我腦袋裡的想法變得比較嘈雜，以間或有趣的散文取代了過去的寂靜之詩。此時，我正試著想起自己剛被分派到哪個組別——第一組嗎？還是昨天？——也在腦中走過一遍計畫中的待辦事項（想想父親節要送爸爸什麼禮物等等）。我的崗位在約翰．辛格爾．薩金特（John Singer Sargent）的〈X夫人〉（Madame X）*42旁。這是一張格外嫵媚引人的肖像畫，然而此時我並不在意自己相形之下刻劃出的窮酸形象，還有我們兩者形成的滑稽對比。時間過去，大眾

* 41

* 42

湧入，各種沒有關聯的想法在我腦中輪流閃過。不知道今天預定的耶和華見證人參觀團體有多少。（有時他們會帶著多達兩百名信眾穿梭於大都會，進行與聖經有關的步行導覽。）我想著某次有一名男人和一名女人來向我詢問〈X夫人〉的位置，我轉過來面對他們，發現是搖滾歌手麥可·史戴普（Michael Stipe）和演員金·凱特羅（Kim Cattrall）。有幾個關於艾弗里先生的不留情的想法，他休假後上班總是遲到是有名的，但他是我今天的同組成員。還有今天午餐該吃什麼，因為麥迪遜街上的帕尼尼店關了。還有我在置物櫃間正好從旁聽到的妙語：「我告訴她『夫人，我們不是保安警衛……我們是保安藝術家』。」

當我被推往下一個崗位，如同預期有點延遲時，我失去幽默感，感到焦慮。在沒什麼大錯可出的工作裡，最小的差錯都可能讓人生氣。我走不到十公尺，前往下個崗位：強風吹拂的緬因州海岸，有著溫斯洛·霍默（Winslow Homer）的海浪破為碎浪的宏偉畫面。*43 這些畫是如此強而有力，成功地為我的心情增添一點色彩，但只有一點點——我沒有聞到空氣中的鹹味，也不在乎有沒有聞到。然後不覺間我已經機械式地移動到A崗位，在那裡與我為伴的是美國印象派畫家瑪莉·卡薩特（Mary Cassatt）。

卡薩特顯然是個好畫家，但我總覺得很難為她定位，也因此她尚未被納入我最近漫遊的美國藝術範圍之內。她生於匹茲堡，在海外留學，最重要的作品都是在法國畫的，與莫內和竇加等人合開畫展。不那麼法國但也不那麼美國，不能算是圈內人（不只因為性別之故），但算是有尊嚴的中產階級，不像你心中典型的印象派那樣「模糊」，但比古典大師更自由流暢，有種難以分類的特質。如果我已有一陣子沒想到她，那是因為我還沒找到明確的東西可以思索。

然而今天有樣東西，或不如說是有個人，引起我的興趣。在展覽室的遠端，有個女人站在畫架前，一手持畫筆，另一手持調色板，腳下防髒帆布展開，雙眉因專心而緊鎖，同時手正在畫布上點上顏料，而那張畫布，根據保安部門的規定，必須比她要臨摹的原始畫作小至少百分之二十五。如果說她是藝術系學生（常見的臨摹者），那麼她並不年輕，而她嚴肅專心的模樣阻止我上前攀談。很顯然這並非她臨摹這張畫的第一次工程，看起來已經快要完成了——雖說我猜不出那代表還需要一小時或

* 43

五小時。和多數看畫的人一樣，我對於作畫過程沒有確實的感覺，日前為止我的閱讀對此也沒有太多幫助。所以，和所有人一樣，臨摹者工作的過程一向令我著迷。我加入幾個參觀者，與他們一起站在不打擾畫者的距離，看著她的畫筆緩慢而安靜的運動。

打量著她的畫作，我認為這是一幅可人的畫——令人愉快地描繪出一名穿著金盞花色洋裝的母親，正照顧一個裸身的小男孩。顯然她花了時間在這幅畫上，成果多多少少讓人信服；的確，看起來像精緻藝術。片刻之後，我抬起眼睛看卡薩特的版本*44，然後，嗯，讓我這樣說：就算有人換掉了規則中用以防備複製的百分之二十五比例，也不會有任何危險。卡薩特的畫並不可人，那是沐浴在陽光中的美——又大膽又自在又充滿色彩又正確，某種意義上比「精緻藝術」更為強健。這對可憐的臨摹者來說並不公平，畢竟她仔細又固執地工作，然而卡薩特卻是用自己好不容易才精通的翅翼翱翔。這是她的風格、她的主題，她在充滿靈感之中快速做出的千百次下筆的決定，是

*44

無法被複製的，只有可能成為呆板的模仿。總結來說，我無法相信也無法承受她的畫竟有那麼好，而這是許久以來第一次，我只能感到一種崇敬之愛。

這樣的時刻不像以前那樣常出現了，認清這件事讓我悲哀。偉大的畫作激起沉睡的感覺：驚嘆、愛、痛楚，這與我對夾層的各種小物品的好奇截然不同。奇怪的是，我想我是對自己激烈哀慟的尾聲感到悲傷。在我生命中心打出一個洞的那份失去，所占的空間已經少於我腦中對各種瑣事的關心。我想那應該是自然的也是對的事，卻又覺得難以接受。

11 未完成

我和塔拉結婚以來已滿五年，哥哥過世那天之後幾乎五年，此時我再次陪伴床邊，這次是在婦產科樓層。和過去一樣，醫院病房中的氣氛簡單平靜。護士走進來查看塔拉，但沒有特別擔心或期待的意味。我們當然是期待著的，但事情和電影不一樣，有好幾小時，時間緩慢而安靜，我們只是坐著與想著，和過去一樣，與重大、神祕和平凡的事情一同坐在一個小房間中。我們的醫生準時出現。他不是別人，是辛格醫生，正是G區常任主任辛格先生的兒子。（我聽過他父親讚美他太多次，因此我們查出他服務的醫院。現在我們都很高興當初做了這個決定。）然後之前等待的衝擊時刻來臨了，然後是用力地推，這次推往的高潮時刻，與五年前正好相反。這次不是寂靜，而是哭嚎。不是恩典，而是騷動。不是緊緊捉住最後的記憶，而是一大堆有待處理的事情。

有時，當我在夜裡不眠地陪著兒子奧立佛．湯瑪斯時，會哀怨地想起聖母子畫像。畫中的聖子看起來總是如此安詳！聖母總是如此平靜！相反的，我臂彎中這個蠕動的小動物卻是精力充沛、粗魯、荒唐。我看著他貪婪地吸吮瓶中的乳汁，臉頰濡溼，四肢抖動，腸道活躍，排便之時便在喝飽了奶的幸福中昏睡過去。我盡可能小心地幫他清潔，但當然冰冷還是刺激了他，讓他不成比例地爆發憤怒。多不公平！

漫長的幾分鐘過去，我抱著再度睡著的兒子，保持著肌肉緊張的巴洛克風格姿勢，不敢動作，再等待漫長的幾分鐘。我站在那兒，累得發狂，從他頭頂正在閉合的囟門感覺到一個心跳。

還沒有奧立佛之前，我猜想新生兒是種抱起來格外柔弱的小東西，擔心會把他弄壞。然而我卻發現，這一小包生命，這一坨幾十兆個細胞，感覺起來竟是厚實有力而強健。這讓我想起過往湯姆如何讚美細胞生物學的複雜混亂，延伸到整個生命也是如此。比起簡潔，自然更傾向於嘉獎強健，這使得美麗的事物創造出來，但不必然是精簡巧妙或直接了當的。就我所知，同樣的狀況也適用於我自己的生命，雖說目前為止是單純的。但現在新添了這個小兒，或許生命正朝向更美與強健的方向成長。

在三個月支薪微薄的育嬰假中，我的工作場域變成了比大都會藝術博物館單一崗位還要小的無電梯三樓公寓。我以和平乾淨的展覽室換得的，是堆滿沾著我指紋的未完成計畫的垃圾間。不知怎麼的，我在這些六十五平方公尺的房間裡得處理的事，比起在大都會的二十多萬平方公尺裡要多得多。老實說，我調適得異常辛苦。之前的生活裡幾乎沒有瑣事，最主要的事情就是在一個沒什麼負擔的世界裡四處看看。

想想，當我發現照顧嬰兒最主要的部分就是處理成堆的瑣事時，是多麼大的衝擊。堆得像山的待洗衣物、定時去看醫生、永無止境的整理及再整理寶寶外出包；結果就是，大部分時候我感到農夫想必也會有的感覺：因為工作而累得半死，根本沒有精力去欣賞這些工作的成果。

然而，偶爾……

某天下午，我決定來賭一把。我抓起沒完全打理好的寶寶外出包，像猴子一樣把這個小人背在屁股上，勇敢地邁入寬廣的世界。我們來到布魯克林的日落公園，坐在第五大道墨西哥快餐店和山丘頂上中國城之間的斜坡。爬上山丘時，我們經過野餐的人、放風箏的人、踢足球的人，然後我們來到頂峰，那裡約有七八十個說中文和閩南語的人正在做輕度有氧運動，還有一名樂手演奏著優美的二胡音樂。奧立佛的頭轉來轉去——有時我們會叫他「貓頭鷹」，因為他的頭幾乎可以轉向任何方向。

我帶他到遊戲場，好讓他可以呆望著那裡的孩子。他們以消耗不完的精力相互追逐，而他簡直高興得成了世界上最快樂的人。我愛他。我讓他從溜滑梯滑下，幾乎把他嚇得魂飛魄散。但我今天的所有豪賭都有所收穫，而他只短暫哭過一次。在這個可愛、半禿、得到充分運用的公園裡，我讓他躺在一片不平均的草地上。這裡人很多，聽到得周遭的交通嘈雜。但即使如此，自然最根本的榮耀依然分明：陽光照耀，風吹拂，公園的老榆樹就像地球上任何生命一樣高貴。還有我的孩子。我注視著他溼潤的大眼，那雙眼笑著與我的目光對上，我驚嘆於這一刻的生命之力。我想，這不只是美，而且很好，這是能夠包容困難掙扎的好。

★

我回到工作崗位的第一天，約瑟夫帶頭歡迎。「做爸爸的！」他叫喊。「我們這位爸爸回來了！」我們站在調度室外面，就像我第一次與他相遇時一樣，但這次是他來帶我四處巡迴，確保每個人都聽到我的新聞。幾個警衛歡迎我的歸來，就像過去一樣，握手並拍拍我的背，好似我們是在分享香菸。然後一個接一個的問題與忠告競相湧來：他吃得如何？睡得如何？真可惜，但如果你讓他跟你睡同一個房間，會自討苦吃。喔，他感冒了！真可憐……我告訴你該怎麼做。你準備一瓶好蜂蜜，磨一點生薑泥，不要太多，只要剛好夠……

這些善意中也有我的前任老師阿姐。她是那種會經常詢問你家人好不好，而且認真聆聽你的報告的高貴之人。她捏著我的手臂拉我散步，非常想知道我的父母看到第一個孫子時有什麼感覺。「看看這個。」我們正接近一幅新來的畫作時，她說：「你看過比這更可怕的東西嗎？」

早上十點，我們開門迎接大眾，我記得這些熟悉臉孔的模樣。其中有少數人真的看來面熟，雖說我認出的主要是他們表情中的驚嘆、困惑，以及萬一找不到廁所時的煩憂。博物館的確有一些常客，在一天之中我也看到了該看到的人。那位是健司，心智發育不同凡人，他會問警衛搭哪條地鐵回家，如果有任何班次異動，他會告訴我們，非常有幫助。還有位老人，每天穿著像高爾夫選手阿諾·龐馬（Arnold Palmer）一樣的綠色西裝外套，埋伏突襲年輕學生，給他們冗長的忠告。有一位先生，拿著象牙手柄的放大鏡看畫，穿著有點像默片演員，還有一件長大衣掛在肩上。（可惜我不知道他的名字，但我們彼此都稱對方為「先生」。）然後是德魏特，他以格外緩慢的步伐走遍整個博物館，對當天碰到的每一個警衛都只打一次招呼（如果他第二次遇到你，就不會有任何反應）。我很少能夠從德魏特口中哄騙出超過兩個字，他通常忙著在一張紙片上寫字（或畫圖？）。然而今天他說：「一陣子沒看到你……」然後不等我回答就繼續往前走了。

一天繼續推進，我重新想起自己擁有的時間多到可笑，那些雙手叉在胸前、東張西望、只是站在我的鞋子裡的時間。我認識的成年人全都說自己忙得不可開交，但在這個地方不容你如此。漫長的幾小時中穿插著幾個問題（嘿，朋友，這是真跡嗎？），以及幾次出手介入的需要（某個小女孩拉了畫框），然而還是有大量的靜止時光供你品嘗。幾個月來第一次，我能夠注意到當一小時感覺上正是一小時時，是什麼樣子。我在家和奧立佛在一起時，有一些沉寂的時間，但那種沉寂和這種空蕩的時間是不同的。那些沉寂會被使用，花掉，浪費掉，也或許在電視的流轉裡消耗掉，電視不僅殺時間也讓身體停擺。而空蕩的時間是老式的，像坐在夏日的門廊前看著風滾草飛過。隨著時間爬過，事情變得清楚：我的警衛能力生疏了；站立是一門技術，而且有可能退步。我被提醒「站立」實際上意味著站立、倚靠、踱步、伸展，還有甩腿，就像對用光的墨水匣那樣地甩。到了下午稍晚，我已經耗盡精力且腳痛，但這與照顧嬰兒的狂躁疲憊比起來，仍是單純而容易接受的身體疲勞。

所以，這就是我的人生，我這樣想。我會在兩個世界之間來回，這兩個世界的相似程度就像舞池的衝撞區和修道院一樣。我正站在彼得．布勒哲爾的〈收割者〉*1附近，我走向這位老朋友，想著有沒有可能讓這兩種生活彼此和解。寂靜與藝術的宮殿如何與門外辛苦勞作的世界產生關聯？

如同透過一扇窗戶，我第一千次看著布勒哲爾的景色。今天我的眼睛受到較小的細節吸引，兒童對著無助的公雞扔樹枝，僧侶在小泳池中泡水，趕牛人牽引著成堆的乾草。這是充滿生氣的情景，不過當然這些人物都被定格在畫布的精彩表面。我們看不到他們每天、每個月、每年生活的複雜性。或許一件藝術作品總必須努力描繪生命中缺乏藝術性的面向：單調、焦慮、被一件又一件討厭的事煩擾得失去清明。至少今天，我展覽室中這些完成的畫作，感覺起來像是存在於隔開混亂世界的斷口的另一邊。

★

在奧立佛之後兩年，露易絲也到來，她和我一樣是金髮，我們叫她薇薇、薇女孩、小小姐、薇薇子、薇子。她性格比哥哥隨和，哥哥已經成了兩歲版的亞哈船長：勇

⋆1

猛、執著、不屈不撓。露易絲則是開朗、滑稽、善於遺忘。原來小孩的氣質像擲骰子，而我們原以為是人類天性的，實際上屬於奧立佛的天性。

接下來是新的日常。我下班回到家通常是七點（在短班的日子），立刻雙膝跪地開始和奧立佛一起玩火車。晚餐會出現在餐桌上，通常是塔拉準備的；她把小孩從日間托育中心接回家後，讓薇薇子吸母奶。然後回到地板上玩既無聊又無聊的火車。上床睡覺是一連串對峙的過程。我們要奮力讓奧立佛洗澡，奮力讓他躺到床上，奮力讓他闔上眼睛，最後終於獲得勝利，但也從來不敢輕信這就是最終勝利。與此同時，露易絲幾乎不離媽媽的懷裡，這益加培養她的好性情。最後當兩個小孩終於都睡了時，我們轉過身來，發現整個家亂成一團，可能到了社工會判定需要把小孩帶走的程度。我們多少整理到不超過那條界線的整潔度，然後也睡著，床上一側留了一點位置，預防萬一奧立佛爬到我們床上，另一側也留了一點位置，預防萬一薇子開始啼哭。此時我的休假日是週一、週二、週三，這表示塔拉在週五（十二小時的班）、週六（同前）、週日幾乎看不到我。她必須自己一個人應付週末。

這份工作做到現在已超過七年，我憑著努力，沒發生過不能應付的事情。在我的看守之下沒有一件藝術品受到損傷。沒有一件傑作遺失。我的紀錄完美。然而我可以看到，在我的新生活中，自己將在名為「成長」的過程中拚命掙扎。

我正在學習情緒中變動的那一部分，為何小孩可以無法預料地從晴天一下子跳到暴風雨，而成人又如何沒有太大不同。例如，當我被派到古羅馬展區時，我看著面無表情的貴族胸像，然後發現自己想著他們這副嚴肅的面具之下，或許其實是很可笑的人。我很容易想像粗獷的卡拉卡拉皇帝（Emperor Caracalla）「沒事也會心情不好」（借用我媽的話說），就像個任性易怒的小孩。我也可以想像他深鎖的眉頭會舒展開來，只因為沒由來地覺得輕鬆、自信，以及為了自己活著而感到快樂。回顧我在大都會的最初幾個月，竟曾長時間保持同樣的安靜戒慎，現在連自己都覺得了不起。我想，那與哀悼亡者的特殊力量有關。現在我的日子由這麼多拉扯組成，那樣專注的生活方式變得難以想像。我不再像剛來到博物館之時，只擁有單一的目標。現在我得過活。

★

二〇一六年春天，露易絲剛開始學步，大都會開始踏出全新事業的第一步。惠特尼博物館（Whitney Museum）搬到城中，之前使用的建築空了下來，大都會簽下租約，把它作為附屬館址。換句話說，現在當我們到調度辦公室報到時，鮑伯有了把我們送到門外的選項：先到麥迪遜大道，轉入第七十五街，來到名稱讓路人感到困惑的，「大都會布勞耶」（Met Breuer）（馬瑟·布勞耶（Marcel Breuer）是這棟世紀中期的標誌性建築的建築師）。對我們警衛來說，這是個精巧有趣的地方，精巧是因為只要二十多個警衛就可應付整棟樓；這裡有著線條簡潔的現代美感，不同於我們習慣的舒適古風。大眾也一樣，對於這般模樣的大都會，不管看起來或感覺起來都不適應，所以展覽室裡有種好奇、試探的氣氛，穿制服和不穿制服的人都想把這棟樓搞清楚。

一天早上讀報紙時，我看到《紐約時報》把布勞耶開幕展覽《未完成》評為一場高概念的展覽，探索的是未完成前便被摒棄，或者在概念上主張仍在進行中的創作。我把這視為正面的訊號。在大都會，策展人不容許自己有太多失敗，這會讓他們太常打安全牌，而我對於在一個有可能大膽混亂的展覽中工作感到躍躍欲試。我來到布勞耶，進入了一個不以歷史和地理為組織原則的世界。這個展在其不拘一格的藝術家組合中，同時以布魯日的揚·范·艾克（Jan van Eyck）*2 和芝加哥的凱利·詹姆士·馬歇爾（Kerry James Marshall）*3 為主角。也有阿爾布雷西特·杜勒

（Albrecht Dürer）畫到一半的救世主（Salvador Mundi），耶穌基督的臉已以墨跡勾出，但仍等待更上層的皮肉。有愛麗絲・尼爾（Alice Neel）為一名應徵入伍參加越戰的黑人士兵所畫的肖像*4，他只被畫了一回便不再出現，尼爾於是宣布畫作完成。對警衛來說特別感興趣的，是一堆重達八十公斤、以色彩繽紛的紙包起來的糖果，參觀者不只可以摸，還可以拿走。這是藝術家菲利克斯・岡薩雷斯－托雷斯（Felix Gonzalez-Torres）為其伴侶所做的肖像*5，後者因愛滋病而早殞。和肖像的主角不同，這個紀念碑的重量會持續補足。

至於報紙評論者的抱怨是什麼，我已經不記得了。我立即注意到的，是大眾真的很喜歡這個展覽；觀者腦中的某個部分被探觸且騷動，而且是博物館通常不會碰觸到的部分。一天下午，我觀察著一個參觀者。他的T恤上寫著「伊利諾為玩樂留時間」，看起來不像是高雅文化行家。但他仍找到這裡來，看著范・艾克的〈聖芭芭拉〉（*Saint Barbara*）*2。他顯然受到衝擊，衝擊的來源是否藝術史或神學根本無

*2

*3

*4

*5

關緊要。事實是這張畫就像一具開腸剖肚的時鐘，呈現出內部結構。他像所有人一樣，驚嘆著創作者幾乎如顯微鏡景觀的精密底稿，以及地平線上方剛開始透漏氣氛的淺淡筆刷。他如此專注投入，原因或許來自所有傑出作品最容易被人認出的特質：這是一件做得很好的成品（或者，在這個例子，是一個做得很好的開始）。「真漂亮。」他大聲說出，語氣就事論事，聽起來就算用來描述一流的浴室磁磚或廚房櫥櫃也完全合適。這是一件漂亮的作品，就像你也會對承包商說出這樣的讚美之詞：「他們做得很漂亮。」他大步走開，去找其他作品來欣賞，而我感到鼓舞。事實上，我覺得自豪。用心、技術與耐性來創造出某樣東西，最後產生的結果比必要的更好，我們都知道是怎麼一回事。我們都知道，要對一件事情真正變得拿手有多困難，要達成表面上的輕而易舉，背後需要何等的辛勤與努力。我想我之所以自豪，是因為人類即使有那麼多缺陷，還是會這麼做：做出比合理更好的成果。

那是個很大的展覽，大到我最初兩三次漏看了的作品，後來反而變成整個展裡讓我印象最深的一件。在主要環狀路線旁的一間展覽室，有一塊蘋果木，其中一角已經腐爛，表面上點綴著蟲的蛀孔。但這塊木頭有一部分經過精心雕刻，刻得很深；它要讓墨水塗在上面，被印製者用力壓在紙頁上，製造出一件可流通的商業化成品：

版畫。只是由於某種不明原因，這位雕刻者中途受到干擾，沒有機會按部就班處理掉引導他雕刻的底稿，結果成了我們今天看到的樣子：直接在木頭上畫出的圖。出自彼得·布勒哲爾（Pieter Bruegel）之手。

我發現時感到十分驚訝。在腐爛的蘋果木上看到大師的筆觸，帶給我的刺激是完成的印刷作品不曾給過我的。他畫的圖一如我對他的預期，吸引人且充滿人性。這幅作品叫做〈骯髒的新娘〉（*The Dirty Bride*）*6，描繪一群城裡的人正在演出一齣同名的民間戲劇。一個戴著假鼻子的人手持一把刀和一支煤鏟，假裝演奏音樂；一個年輕人扮演新郎摩普蘇斯（Mopsus），用手牽引著他那不是處女的新娘妮莎（Nisa）。這個故事的寓意是「摩普蘇斯娶了妮莎，我們愛侶還有什麼不能期望的」，也就是「什麼事都有可能」。這齣戲在嚴肅的大齋節之前熱鬧的懺悔節（Shrovetide）演出，故事內容是關於如何在最令人擔心的情況中盡力做到好，同時享受。

但對我而言，最大的啟示是在一件飽受摧折和損傷、不完美、未完成的物品上，看到大師的「指紋」——用比喻的話來說。這讓我想到，要了解一件藝術作品看起來的完美，光是看成品是不夠的。我應要記得這些作品所包含的勞苦。觀看他人創作是有益的，因為你自己正在學習如何建造某物。而這真的是我人生中第一次，我感覺到自己正在建造某物。在一個完全不優雅的獨特過程中，我正在建造兩個小小人類；我正在建造一個希望能讓他們棲身的小世界，而這個計畫不可能完美或完成。

至於大都會布勞耶本身，甚至沒有持續到租約結束，只過四年，就在昂貴的花費和不穩定的參觀人次中關上了大門。即使像大都會這樣的龐大機構，在創造新事物時，也不得不經歷實驗和挫折。

＊6

12 一日之工

接下來兩年，有兩個展覽刺激了我的想像力。一個規模非常大，另一個小得多。一個的主角稱得上是藝術世界最響亮的名字，另一個則是一群沒沒無聞、甚至並不自認是藝術家的人。一個把我們帶到十六世紀基督教世界的核心，另一個來到二十世紀阿拉巴馬鄉下的黑人社群——在那什麼都沒有的核心地帶，唯一重要的事情只有居民的生計。這兩個展覽是米開朗基羅的素描和吉氏彎（Gee's Bend）的拼布製作者，雖然兩者間有太多不同，卻都挑戰著我的認知：關於什麼是藝術，什麼是藝術創作——或更進一步說，是在這個艱辛的世界裡對任何值得你投入的事物的創造。

如果你能以某種辦法貼近西斯汀禮拜堂的天花板，像米開朗基羅一樣站在高高的鷹架上仰頭，便可以看見這位大師在一天中到底做了多大範圍的工作。每天早上，畫家和助理要先為一塊區域塗上溼灰泥作為基底，而這塊區域得在一日結束、灰泥乾掉之前完成上色，如此一天能畫完的區域，在義大利文稱為giornata，意思是一天的工作，而整面天花板其實就是由這些形狀不規則、幾乎看不見邊界的諸多小區域拼貼而成的馬賽克。斜躺的亞當有四片「一日之工」。伸手的上帝是另外四片。經過計算，我們可以看到米開朗基羅與他的鏝刀、畫筆、顏料罐、袋裝的沙子和石灰一起在那個高度待了有五百七十天。

大都會展覽是我能以最近距離觀看大師工作的機會，雖說和西斯汀禮拜堂比起來，算是一種較為親切的尺度。展覽收集了一百三十三張素描，跨越他七十年職業生涯，這些素描絕大部分是習作，並沒有要給他人觀賞的意圖。展覽標題是「米開朗基羅：神聖的繪圖人與設計師」（Michelangelo: Divine Draftsman and Designer），不過這個展覽會讓我們看見一位非凡的平凡人。展覽呈現出一個並不視自己為藝術史巨人「米開朗基羅」的米開朗基羅，因為他太全神貫注於完成每日工作的掙扎之中。

★

某天一早，我站在展覽中，外面的第五大道上已經有一群人不耐煩地等著入場。展覽室裡光線昏暗，只有聚光燈讓素描在整片黑暗中發亮，進入任一張素描的光圈內，便有如進入一個聽得見低聲耳語的親密世界。我走近一張素描，透過青少年米開朗基羅的眼睛，看到他正透過比自己更早的大師馬薩喬（Masaccio）之眼觀看，用紅色粉筆和棕色墨水筆速寫這位畫家的聖彼得溼壁畫。米開朗基羅剛開始畫這類速寫時，被父親狠狠打了一頓。博那羅蒂家雖然窮，仍是有名望的家族，看著自己的兒子必須用雙手勞作，令洛多維科心痛。當我看著圖上那些苦心刻畫的交叉斜線時，我想有件事洛多維科是對的。這是一種體力勞動，反覆、無謂、身體性的勞作。這的確是高技能的勞作，但屬於沒有捷徑的折磨人的類型，除了耐心地一筆一畫，沒有其他方法可以推進。

我看著年輕藝術家的手如何工作，了解到自己同時也在看著他的心智如何工作。米開朗基羅完成了馬薩喬的彼得的臨摹（並包含巧妙的修正）*1，然後把聖人往外伸展的手再畫一次，這次轉九十度，嘗試從上方俯視。這看起來是非凡的概念突破，不過當我想起他原本的訓練是雕刻家（而且後來對於必須使用其他媒材感到不滿）時，又沒有那麼意外。說到三度空間，這張畫的展示方式讓我可以繞著它周圍行走，並發現背面又畫了另一隻手，這次剝開了肌肉，是一副冰冷骨架之手。或許米開朗基羅用眼睛解剖了聖彼得。又或者他在佛羅倫斯的聖靈教堂醫院（Santo Spirito）實際解剖屍體時重複使用了這張紙（他很少浪費紙）。無論如何，我好好看了自己的手一陣，佩服這名年輕藝術家想要達成的精確度和深度！

沿著這些早期展覽室行走時，也可以看到米開朗基羅的老師的繪圖，這提醒了我關

*1

於藝術創造過程中一件很基本的事情。這個世界不是容易畫下來的。安全的道路是仿造他人已經試過且奏效的方法，遵從那些把複雜度框限起來的規則。危險的道路則是超越自己目光的限制，嘗試發明讓你的筆追上去的新方法。米開朗基羅愛上的主題或許是最需花功夫的困難主題：含有六百條肌肉和兩百多塊骨頭的人體。在這些展覽室中，他依靠他的眼、手和心來學習如何使這一切奏效。

博物館在十點鐘開館時，我從佛羅倫斯被推到羅馬，跳過他早期的專業成就，落在了西斯汀禮拜堂裡——或說，是一間讓人覺得身置於西斯汀禮拜堂的展覽室，那片驚人的天花板就在頭頂上重現。幾分鐘後，我就被湧入的朝聖者包圍，他們迅速地把相機對準上方，略過掛在四周圍的素描。看到幾公尺之外有個畫中的米開朗基羅把畫筆指向正上方，我忍不住笑出來。這張自畫像中，他的頭後仰九十度，手臂指向十二點鐘方向——這就是他站了至少五百七十天的姿勢。*2 在這張圖畫旁，他還寫了一首諷刺詩，抱怨自己的脊椎、屁股、滴到顏料的臉，還有他裝在頭顱這副「棺材」中的腦子。這首詩的結尾頗為淒慘，可能會讓展覽室中這些快樂拍照的夥伴們感到驚訝：「我的處境糟透。我也不是畫家。」

我想著這些字句，又笑出來。得知一名大師是如何缺乏安全感，令人愉快；我猜這會讓我們大部分人覺得沒那麼孤單。從這場展覽開幕以來，我便貪讀著米開朗基羅絕望而胡思亂想的信件。經常在我腦中冒出的一句話是「我浪費時間，毫無成果……上帝救我！」的確，他最初幾十天的「一日之工」失敗得一塌糊塗，只因為灰泥沒處理好而讓畫好的圖壞掉，根本屬於不專業的錯誤。他央求教宗准予他放棄。看來這份規模宏偉的委託沒有讓他產生一絲一毫的喜歡。

儘管如此……。

我沿著展覽室的邊緣前進，一路說了多次抱歉，意圖接近大都會永久收藏裡那張最為人所稱頌的素描，同時也是這場展覽的亮點。由於易受光線破壞，在我的警衛生涯中，只曾公開展示過另外一次。米開朗基羅不在鷹架上時，會回到他的畫板前。他想必畫過無數張像這樣的紅色粉筆畫。我看著一個人物，被稱作利比亞女先知（Libyan Sibyl），但我看到的其實是一名在米開朗基羅的工坊裡擺出姿勢的模特兒——一名裸體男模特兒，可能是學徒或助手。（這個人物應是個女性預言家，但米

★2

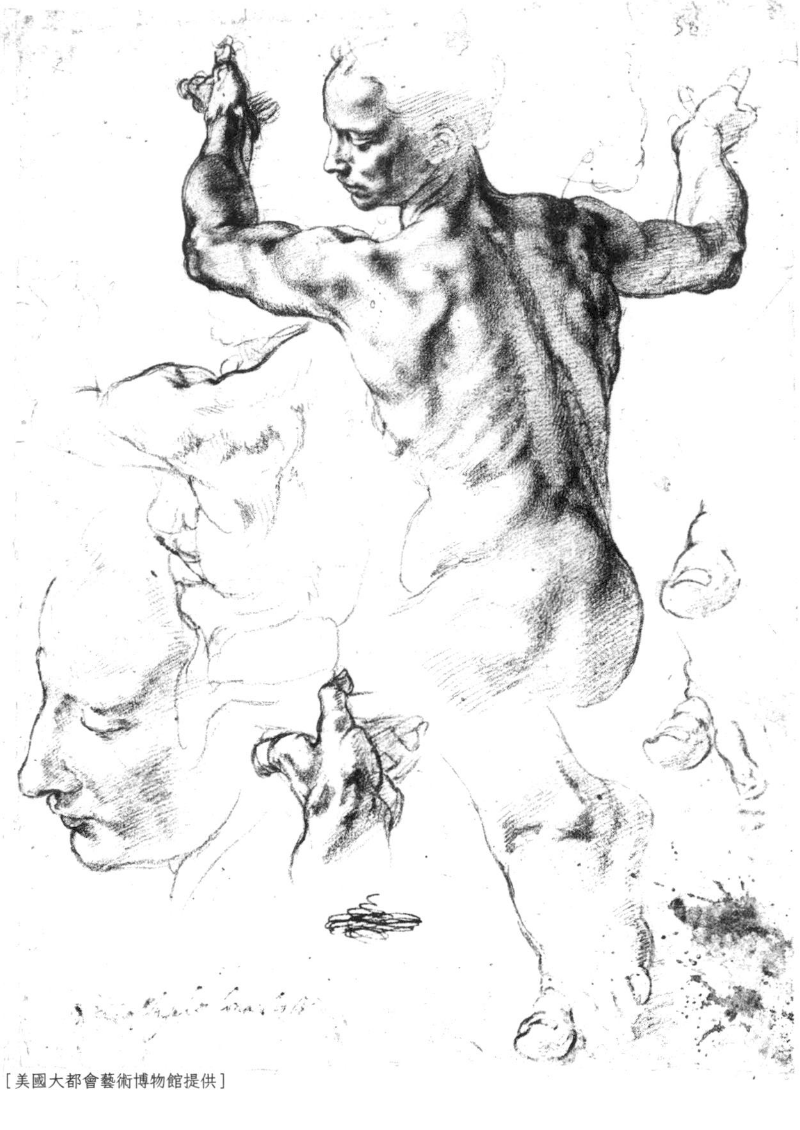

[美國大都會藝術博物館提供]

開朗基羅的興趣所在是男性身體）。他吩咐這位年輕男子擺出螺旋狀開瓶器般的困難姿勢，讓我想著他會不會同情對方的肌肉抽筋，畢竟他本人也熟悉姿勢帶來的痛苦。我嘗試做出同樣的姿勢，然後意識到自己是在大庭廣眾之下，於是假裝伸伸懶腰。然後我更靠近那張畫。

既然已知米開朗基羅的不滿，那麼又為何會有這麼美的一張畫存在？它一方面靈感湧動，另一方面又極度勤懇踏實——他花了相當功夫處理模特兒背部和手臂上每條肌肉的陰影。整個天花板上的四百三十多個人形都是米開朗基羅處理的。然而在這裡，他對女先知的腳產生了那麼大的興趣，大拇趾抵著地面的方式就畫了三種，都展現出相當的美。＊3

這張紙上沒有一樣東西是機械化的。每一筆畫都傳達著能量、企圖心，和對困難任務的投入。顯然，米開朗基羅是可以在一張空白畫紙前坐下，拋卻煩擾，專心致志投入眼前的工作，把不滿抱怨留到以後再說的那種人。要完成困難的工作，我想沒

＊3

有比這更好的方法。

四年後，整面天花板終於完成，而且當時的人形容「可以聽到全世界的人都跑去看」，米開朗基羅卻只說：「我已完成禮拜堂的畫：教宗很滿意。」他在給父親的信裡這樣寫著，然後又補上：「其他事情則不如我希望的那樣發展。我認為這是時局的問題。對我們的藝術來說，這是很差的時局。」

今天，我們把那「很差的時局」稱為文藝復興盛期。

★

另一天，我被派到後段的小組，負責大師長長展開的後期職業生涯。他的長壽超乎自己預期，活到將近八十九歲，但有好幾十年時間，他都認為自己已距死亡不遠。即使如此，他仍不曾減少工作量。有四十年的時間，他斷斷續續地為教宗儒略二世（Pope Julius II）設計墳墓，一直央求教宗付錢，又一直被要求更改設計。展覽的前半部有一張墳墓的「示意圖稿」，後來米開朗基羅得再回來痛苦地重新審視這張圖：他完成的雕塑不到原先計畫的三分之一。他的私生活也沒有穩定下來。五十七歲時，他愛上一名二十三歲的貴族，把自己的圖畫作為禮物贈送給他，這些圖也成了展覽的一部分。早幾年前，他的弟弟因一五二八年的瘟疫過世，他擔起扶養三個年幼姪子的責任（最小的也死了）。如果這還不夠，此時還有敵軍逼近佛羅倫斯。

「據我了解，我們看的這張圖是米開朗基羅為了加強佛羅倫斯的防禦而畫的。」我對一個來問問題的參觀者說：「這尖尖的看起來有點像螃蟹的結構，是抵禦砲火的碉堡和壁壘。他不只畫了圖，還招募大量工人，有些曾和他一起開採大理石，現在則為了自己的性命而建造堡壘。」

這位訪客告訴我他是個「戰爭宅」，於是我盡可能回想這場侵略的細節。（我有讀相關資料。）「我相信那時是教宗與神聖羅馬皇帝聯盟，要讓麥迪奇家族恢復勢力。米開朗基羅的防禦還可以，但最後仍沒有影響。佛羅倫斯被敵人圍困，最後投降。」

我和這名戰爭宅多花二十秒研究另一張圖，那想必是數週的田野工作後的成果（上面有四周地理形勢的手寫紀錄）。然後他繼續前進。對大多數參觀者來說，這場展覽大概花他們一小時左右時間算是看完，然而米開朗基羅卻花了七十年。這不是在責難，雖然以米開朗基羅的性格來說，我可以想像這位大師會感到氣惱。這些戰爭繪圖占用了他好幾百個工作天，但對我們來說卻只是個簡單的附屬小展。

換崗位，我被推入的展覽室裡，米開朗基羅已成老人，即使用今天的標準來看也是垂垂老矣。根據他的詩判斷，他對變老並不是很高興：「是什麼不斷地嚙咬／讓這副老皮囊如此萎縮、磨損／我可憐的生病的靈魂？」他七十多歲時被任命為羅馬聖彼得大教堂（Saint Peter's Basilica）的最高建築師。他對此也不高興。友人喬治・瓦薩里（Giorgio Vasari）形容這項榮耀對他而言「極度沮喪，完全違反他的意願」。這項工作實在非常棘手，又難有所獲。他不只得在梵蒂岡的政治裡周旋，還被兩位先前建築師的作品包圍。聖彼得大教堂將占據他人生的最後十七年。

我看著一張約二十五公分見方的紙，米開朗基羅在上面構想著大教堂圓頂的形狀。這高聳於羅馬之上的建築計畫是一項超人的任務，也是米開朗基羅這個名字聽來有著超人能力的部分原因。然而，在這張小紙片上，他徒手畫出幾道彩虹般的形狀，嘗試找出最喜歡的弧形。無論頭銜如何崇高，他總踏實於小兒般的練習。

我離開圓頂，尋找與他另一件最後作品相關的繪圖。這是一座聖母憐子像，他死時尚未完成。在一張紙上，有五個出自八十多歲的顫抖之手的習作。*4 這些圖稿小而精細又真誠，完全沒有作畫者自覺是世界上最著名藝術家的痕跡。（即便來到八十多歲，因失誤導致聖彼得大教堂的建造延遲時，米開朗基羅也會咒罵自己；他這樣寫

★4

［艾許莫林博物館（Ashmolean Museum）提供，英國牛津］

道：「如果人會因羞愧和悲哀而死，那我早就死了。」）有兩個圖像與他最終製作的大理石雕像很相似，是死去的耶穌呈垂直方向，由母親支撐著沉重的身體。米開朗基羅原本為耶穌雕出豐厚而充滿肌肉的身體，但他繼續雕刻，使這副身軀愈來愈削瘦，直到看起來虛弱又萎縮，且奇異的像是現代表現主義的雕塑。他一四九〇年代的聖母憐子像如此精湛。裡面含有更多他自己的悲慟與情感。

我再次看著這組繪圖，裡面傳達出愛、虔誠與耗竭。我想著一名老人伏身於一張白紙，掙扎著讓自己的手表現出心與腦的要求。讓米開朗基羅之所以為米開朗基羅的，是下一步。他完成草圖後，起身工作，將之化為現實。直到死前一天，他還在用鑿子敲打堅硬的大理石。＊5

★

下一個展覽悄悄來到我身邊。米開朗基羅來到大都會時，第五大道沿街亮出了宣告的橫幅，相對的我在被派到現代與當代藝術展區的一個小展之前，卻沒怎麼聽到「吉氏彎」（Gee's Bend）這個名字。在兩間寬敞的展覽室牆上，掛出了十件拼布被子。十件拼布，由八名拼布者製作，其中四位的姓氏相同：派特威（Pettway）。「這是什麼？」我悄聲自語，從一幅令人目眩的作品走到下一幅，感覺自己心跳加速。大膽對比的色彩，不對稱的圖案，粗糙而陳舊的布料，彼此間以看得見的縫線連綴起來……我第一天在這個展覽站崗時，只搞得清這些感覺，但我的心跳告訴我它們十分美麗。

接下來幾週，我盡可能多了解阿拉巴馬州吉氏彎的這些女性拼布製作者。我讀了數十名女性的訪談，看她們談論自己的工作與生活。訪談中「艱難」一詞出現得十分頻繁，簡直像是反覆不停的副歌。「我們過得很艱難……」「日子很艱難……」「我們還有艱難的路要走……」「主啊，我們真的努力做著艱難的工作……」「不容易。很艱難。」露西．T．派特威（1921-2004）是參與展出的其中一位創作者。她小時候的上學時間是十一月底到三月底，但同時她也必須「除去棉稈、砍掉樹叢、清出新的地、讓土地準備好耕種。」和那裡幾乎所有女人一樣，露西是佃農，不過她還把其他工作帶到田裡。每天她都帶著許多拼布用的布塊，利用午餐休息時間把這些布塊

★5

縫在一起。她希望可以完成「一格左右」（許多拼布被子是由九格組成）。這是露西版的一日之工。

她在一九五五年完成的拼布被子，是展覽中唯一一件具象作品，描繪的正是吉氏彎。被子一邊有條藍色的色帶，代表阿拉巴馬河，河流兩側的紅色色帶，代表的是泥濘的河岸。另一邊是以印花布表現的棉花田。中間部分由許多同心方塊組成，而這種「屋頂」式方塊可以容許各種圖案與顏色的運用。*6 在此，我們鳥瞰著一間大房子和四間小房子的具象屋頂。如果能夠把鏡頭拉得更遠，我們會看到河流彎曲成一個明顯的馬蹄形，使這個「彎」的三面與世隔絕。如果把鏡頭拉近，細看派特威描繪的這些房子，便會更了解這個地方的歷史。最大的建築是老派特威農場的「大房子」，而四間較小的房子是奴隸的住處。

最早來到此處的派特威是馬克．H．派特威（Mark H. Pettway），他在一八四五年從約瑟夫．吉（Joseph Gee）的繼任者手中買下一片棉花田，一同購得的財產還有四十七個人，然後他把自己在北卡羅萊納時擁有的一百個人挪過來（他們是徒步旅行過來的）。製作拼布的派特威們是奴隸的後裔，他們獲得派特威這個姓氏，雖說在吉氏彎的方言裡，這個姓氏聽起來有一種新的音樂性：發音是「派特－阿－威」。

參觀展覽時，我看到說明上出現「自學」一詞。這在藝術世界裡是用來取代「民俗藝術」的行話——很奇怪的選擇，因為真實情況和這詞彙的意思沒什麼關係。據我所知，這些拼布製作者裡沒有一人是單憑自己學會拼布的。露西．T．派特威是從母親和姨婆那裡學來的，而她們又是從更早的女性那兒學來，這是比黑奴解放前更早的傳統，可能與西非的紡織有淵源。她也從同儕之間學習，她們彼此競爭，也會互相竊取。就像米開朗基羅的佛羅倫斯，吉氏彎的藝術家人口比例高得非比尋常。

而拼布是一種非常公開的藝術。克里歐拉．派特威（Creola Pettway）解釋：「春天來時，女人得把拼布被子拿出來曬太陽。把被子掛在曬衣繩上……」露西．T．派特威拿出來曬的拼布被子「有時十五條，有時二十條。有時還更多。其他人會路過，有時會為了看被子而掉進溝裡！」露西年輕時會拿著鉛筆和紙，徒步進行拼布巡禮，一路走一路抄下大師傑作——「畫下圖案，做我自己的被子」。

展覽中最早的那條拼布被子*7，瑪麗．伊莉莎白．甘迺迪（Mary Elizabeth

*6

*7

Kennedy, 1911-1991）在一九三〇年代中時應該也會拿出來曬太陽，或許露西也曾畫過。我試著想像它在微風中掀動的模樣。這條被子由許多不同深淺的白色、淺藍色和藍綠色組成。我不知道白色還可以有不同深淺，但她利用廢布達成這種效果，來源可能是農務中穿到磨損、又被太陽曬到褪色的舊衣服。這是真實生活的顏色，不是美術用品店供應的顏色。結構上，這條被子遵守屋頂式圖案，具有九組同心方塊的格子，然而上面的圖樣卻衝出格子，以巨大的能量奔騰在整條被子上，像是道低像素的閃電在藍色背景之中滋滋作響，讓人根本看不見底下的基礎結構。

掛在大都會的當代藝術展區中，這張拼布看起來狂野、大膽而無畏。而它在透風的小木屋中蓋在孩子身上時又是什麼樣子，我只能憑空想像。一九三〇年代對吉氏彎來說不是好年分。棉花隨著經濟大蕭條而跌價，只有少數人付得出佃租給住在別處的白人地主。多個收債者展開一場合作入侵，搶走了農具、牲口、家用品，並遣人到樹林裡搜刮食物和燃料。在那樣的時局之中，甘迺迪卻拼出了這樣的作品。我不知道她是否使用「藝術」一詞，但在我看來這正是藝術的定義：一件美得超乎所有預期的事物。

這次展覽中我最喜歡的藝術家是羅瑞塔．派特威（Loretta Pettway），也是唯一展出多件（三件）作品的拼布製作者。她生於一九四二年，現仍在世。她成長時，吉氏彎散布著人稱「羅斯福屋」的房子，這是羅斯福新政的成果，旨在幫助受過劫掠的社區。吉氏彎人有了買房子的機會，因此遷居到城市的人不像其他南方黑人那麼多，這對於他們的拼布傳統而言是件好事。儘管如此，貧窮仍持續著，羅瑞塔·派特威的生活格外艱難。「我沒有童年。」她告訴訪談者。對於那個酗酒又賭博的丈夫，她也同樣直白：「他有很多習慣。我沒有習慣。負擔不起。」訪談中最驚人的是我們得知她「不喜歡縫東西」。就像比她更早的米開朗基羅，她毫不諱言自己對這項工藝的不滿，也為擔負的沉重責任埋怨呻吟。她有間「破爛的老房子」，孩子們睡在玉米皮床墊上，如果沒有墊被，根本難以忍受。我們可以從拼布者海倫·麥克勞德（Helen McCloud）那裡得知大致上的需求：「那時我必須打理六張床。」她回憶：「兩個小孩睡一張床，有時一張床需要四到五條拼布，看天氣而定。」許多女性會一同拼布，邊工作邊聊天或唱著教會的歌。但羅瑞塔自己一個人做。她為憂鬱和失眠所苦，自稱「沒有朋友」。

「我沒辦法，因為我跟人要被子，沒有人給我，所以我就說我要做最好的拼布被子，然後就做。有了被子，小孩和我才不會冷。真的是這樣。」

那是個週日上午。我站在我所看過最美的拼布被子前，想著它的製作者。在這間博物館裡，我想著的藝術家通常早已死去，所以這次是個令人愉快的改變。我可以猜到羅瑞塔．派特威現在在哪裡：想必是在吉氏彎（她不曾旅行，即使像這樣受邀展出也一樣），而且可能是在愉悅葛羅夫浸信會教堂（Pleasant Grove Baptist Church）。我鍾愛的這條拼布被子製作於一九六五年，同年馬丁．路德．金恩（Martin Luther King）也在愉悅葛羅夫，為艱難奮鬥中的黑人投票權運動進行演說。那裡的運輸船是吉氏彎與鄰近地區聯絡的重要工具，卻因為投票權議題，遭到懲罰性的中止營運，直到今天仍沒有恢復。我可以選擇將這幅拼布當作抽象畫看待；它的簡約與力量不輸給任何現代主義畫作。但我不會這麼看待它。這是一條拼布被子，它讓我喜愛的理由繁多：它的歷史、實用性、美、質感。我盡可能靠近這件作品。它輕微掀動，影子投射在牆上。我想像羅瑞塔縫著她的布塊。用她的話來說，「舊襯衫和洋裝裙擺和褲腿」，「像是褲腳後面的地方」，只要是「還沒磨破的」，就拿來用。也許她先把所有布塊安排好，才開始拼接。但更可能她邊做邊決定，只以眼前看得到的目標一天天進行，直到拼接出一整件驚人的藝術。

我後退幾步，看見一件以垂直線條——或稱「帶子」——所組成的被子，這些帶子約與我的手掌同寬，並有著細微到幾乎看不出來的波動。最左和最右的兩側邊緣是深藍色丹寧，其餘區域大多是薰衣草色；然後在拼布中心但稍微偏離正中央處，有兩條白色布料組成的帶子，相距不遠但沒有互相碰觸。這件作品叫〈懶女孩帶子〉（*Lazy Gal Bars*）。*8 我的視線以水平方向拂過這些線條，想像自己正滑過鋼琴的琴鍵。以這種方式瀏覽，它成了以縫線畫出界線的快速顏色變換。然後我讓目光移動速度減緩，懶惰地順著線條的方向下行——我找不到聽起來合理的描述方法——但我被這些線條所震動。顏色較淺的這兩條線愉快地直立著，就像一對光柱形狀的天使。我為這件拼布的幾何所感動，也為它的不完美而感動：稍微歪扭的線條；迅速而不拘謹的縫線；即興選擇的材料。藝術最打動人心的特質它都擁有，包括勤勉製作與靈感湧動。

我這樣想：這裡有值得學習的一課，而在大都會藝術博物館這樣包羅萬象的世界裡學到這一課，是件奇異的事。意義總是在「當地」產生的。再怎麼偉大的藝術，其

*8

創作者都是在本身環境的框限中，以一點一滴的努力來創造出某種美麗、有用、真實的事物。米開朗基羅的佛羅倫斯，甚至是米開朗基羅的羅馬，在這種意義下都如同羅瑞塔的吉氏彎。我會試著不要再去想「文藝復興盛期」之類的詞彙。我會去想一個人塗抹著一小片新的灰泥，畫上顏料，再多一小片，再畫上顏料……

13

盡我所能

生命是漫長的，我正逐漸察覺此事。對早殞的人來說的確不長。但如果你沒有早死，便處於一種奇妙的位置，可以想著你已度過那麼多歷程，成長到現在，然後前方還有好幾個十年——五，六，或許七個十年——等待你的進展。湯姆死時，我來到大都會，那時很容易把成年想成是一種最終狀態，是不再成長與改變的狀態，而不是一種旅程。現在我來到比自己的哥哥還要年長的位置，這感覺很奇怪又不自然，彷佛自己長得比幼時攀爬的樹還要高。然而現在的我也擁有足夠的視野，可以看到自己的生命將會延伸得比現下的地平線還要遠。生命將會踉蹌、磨損、蹣跚前行，而我應該要引領其前進方向。簡單的說，我終於瞭解到自己的生命是由許多篇章組成，而這帶出了為目前篇章畫下句點的可能性。

吉氏彎展覽於二〇一八年秋天畫下句點。大約同時，我開始陪奧立佛走路去幼稚園，然後再通勤上班，而塔拉則送露易絲去托育中心，那也是我大部分薪水投入的地方。我終於可以在星期日放假，但不太可能擁有完整的週末——只有最老資格的老警衛才能如此。我的資歷也還不到可以在暑期安排兩週的假，這又會拖累全家配合公立學校行事曆的安排。（至於聖誕節放假一週？別想了。）當我萬分疲憊地在週六晚上十點四十五分回到家時，迎接我的通常是睡在床上的太太和兩個小孩。很可愛，但我對此感到厭倦了。

不過我對駐守崗位持續感到愉快。這仍是份近乎完美的工作，雖說完美可能已不再是我需要的。我曾覺得自己生命的主要任務是在這些展覽室中表現，而且我十分享受這種冥思般地靜止狀態。這些日子，我的念頭屢屢飛出博物館牆外，導致心思和四肢變得躁動不安。我不再需要如此寧靜純粹的場景。我不一定需要站在配角位置，做一個安靜的守望者。我發覺自己一邊看著展覽室中的父母與小孩，一邊盤算自己可以怎麼帶孩子認識這個大城市和遼闊的世界。那份展望既讓人生畏又令人興奮。坦白說，我仍難以讓我們那間公寓井然有序，我也希望自己在面對世界的更多面向時，能夠變得更強韌和無懼。

我花了那個秋天和冬天思索是否要放棄這一身深藍色套裝。近來鮑伯把我送到古典大師展區，所以我在布勒哲爾、提香和其他老友面前思索這個問題。我當然無法回到辦公室的世界——我已經被慣壞了。我需要某種能讓我腳踏實地的事情。我得到一個導遊公司電話面試的機會，安排在這天下午三點的休息時間進行。面試結束時，我打電話給塔拉。「猜猜誰要在曼哈頓下城帶領徒步導覽？」

那只是份暫時的工作。我並沒有想像自己會一輩子做這件事。但生命很長，而這會是一種實質上的探索，會帶領著一群人前行，而不是從某個角落探看。隨著春季工作開始的時間接近，我了解到自己對於研讀、寫稿和執行導遊工作有多麼興奮，我期待說話，讓某物成為我自己詮釋的模樣。

★

我最後一天身穿制服的日子，被派到B區主任的桌子。那裡位於俯瞰大廳的露台上，我一邊接近，一邊看著整片景象。頭上有三個盤狀圓頂，每個都大到足以成為各自的大教堂。下方，兩名同事正把鐵製的支柱滾過空曠無人的大片地板。我後方的蓋烏斯·馬呂斯（Emperor Gaius）將軍在提也波洛（Tiepolo）的巨大畫布上，正將他逮住的國王朱古達（Jugurtha）遊街示眾。★1 我繞過轉角時，古典大師展區的警衛正排成一列等待崗位分發。

★1

「庫提，第三組，第一輪休息！」薩頓主任下達指令：「麥克米蘭，第二輪休息換班！佩特洛夫，你是第二排？那你遲到了……去告訴調度部的鮑伯。維沙爾，第一輪休息在展覽裡！」

這是我最後一次聽到這些語言的實際使用，但我有種感覺，自己至死都仍會精熟於這種語言。輪到我時，主任基本上把我放生。「布林利，拜託，今天是你最後一天！我不會派你站崗。逛逛展覽室，好好道別，如果你想要有點用處，就讓朋友有機會上個廁所。祝好運，布林利先生。下一個！」

我本來已經成功不引起注意地排在隊伍裡，但現在我一轉身，人群已經躍動起來，送上祝福。他們與我握手、拍我的背、問我接下來要做什麼。我告訴他們關於帶領徒步導覽的工作。不，這不屬於工會，我承認，但，沒錯，我預期小費會比我們在寄物處時要多。

阿里先生彷彿代表整群人說：「年輕人，你順利畢業了，而且頭髮還沒掉光。」

然而我不允許任何人真正說出道別之語。我提醒他們：「實際上，我不用在這裡上班也能進來。」而他們承認確實有人即使沒拿薪水，還是會偶爾拜訪大都會。令人高興的是，這就是即將成為我前工作場所的本質——允許所有人拜訪，讓他們自由走動。而當我來訪時，我知道在哪裡可以找到我的老朋友：他們就站在光天化日之下。

很快，每個人都必須趕赴自己的崗位——每個人，除了我以外。這是一種陌生的感覺。我先倚在欄杆上一會兒，眺望下方的大廳。我傾聽那彷彿在石灰岩洞穴裡有少許動靜穿透反射的聲音。我看到露西和艾蜜莉準備著工作桌，一邊聊天，一邊把手指穿進乳膠手套裡的擺動。在那裡，這是與其他日子沒有不同的一天，而我想著從我的第一天到最後一天，有什麼事情改變、什麼事情沒變。阿妲已經退休。特洛伊也是。衣物寄放處之王藍迪已經過世，鈕扣強尼也是。博物館有幾個展區經過整修。博物館增添了好幾百件新收藏。但在主要展區，十五世紀的藝術作品只老了十歲。當大都會看起來有所不同時，通常是觀看的人改變了。

警衛在十點鐘打開大門時，我決定四處晃晃。對警衛來說，沒有一定得待著的地點，是一種全新體驗。我閃避著第一批早來的大眾，走下樓梯。我看到馳騁的觀光客，相機在手；受到震撼的藝術愛好者，不確定從哪裡開始；不知所措的第一次來訪者，充滿期待，想看恐龍或憲法或不知道到底有什麼，但希望親切的警衛能夠幫框時停下來。他正沉浸於自己的思緒中。圍繞著約瑟夫的，是博物館裡大約一半的梵谷。有向日葵。*11 有夾竹桃。*12 有簡單白色水瓶裡的鳶尾花。*13 有個農人在削馬鈴薯，*14 有咖啡店主吉諾克女士（Madame Ginoux）*15，還有一個農夫跪在地上鼓勵女兒開始走路。*16 最後終於到了紅色鬍子、長久受苦的畫家本人*17，清澈的眼睛，戴著大大的草帽，被迫與遊客一起自拍。

「嘿，那邊的，你需要私人時間嗎？」我跨步越過房間時這樣說，約瑟夫嚇了一跳。他笑了。「私人時間」是我們對廁所休息十分鐘的說法。

「我不用，謝謝！」

於是我們站在夾竹桃旁邊，漫無目的地聊著 NBA 季後賽、約瑟夫要我讀的斯湯達爾（Stendhal）小說、他新生的孫子、露易絲即將到來的三歲生日派對、時間如何飛逝。我鮮明地意識到，在離開這間博物館後所進入的世界裡，要擁有年紀足有自己的兩倍、出生在世界另一邊的好友，是很不尋常的。然而在大都會的警衛之間，這卻平常到幾乎不會讓人注意。我不會想念約瑟夫，我會與他保持聯繫，但我會想念這件事。我也會想念雙手空空、只有時間最多的同事間親切無目的的每日閒聊。「整天忙著沒事做。」有時我們會這樣打趣。

十五分鐘後，約瑟夫對我說：「嘿，我想我要去私人時間一下。」在我的催促下，他把我獨自留在他的崗位。我也會懷念這個。當然我可以回來看梵谷，但我不會守住大眾那發癢的手指，也沒有人會問我那幅畫是不是真跡，也沒有陌生人過來，對著我這對願意傾聽的耳朵努力地解釋他們有什麼想法。當我再次來訪時，會是一個參觀者，隨意走動，移往下一間展覽室，不太可能徘徊八到十二個小時。

我讀過與藝術有關的最令人感動的文字，是關於文森．梵谷在一八八四年某次拜訪阿姆斯特丹國家博物館的記述。顯然，他是那種永遠會把同行者腳步拖慢的參觀者，而這次的同行友人是藝術家安東．凱塞梅科（Anton Kerssemakers）。「他花了漫長的時間停在〈猶太新娘〉（*The Jewish Bride*）*18。」這是林布蘭的作品。凱塞梅科如此描述：

* 11

* 12

* 13

* 14

* 15

* 16

* 17

* 18

我沒辦法讓他離開那裡；他上前，隨自己高興坐下，我則繼續看其他東西。他告訴我：「你回來時我就在這兒。」

我回來時已經過了頗長的時間，我問他我們是否該離開了，他投給我驚訝的表情，說：「你相信嗎——我說的完全是真心話——如果我可以坐在這幅畫前兩個星期，只給我一點乾麵包吃，我願意用十年生命交換？」終於他站起來。「好吧，別管我說什麼。」他說：「我們不可能永遠待在這裡，不是嗎？」

的確，我不認為可以。這樣的時刻給予慰藉，令人心生溫暖，是如此純粹無垢。當我看著文森的鳶尾花時，感到他渴望永遠活在它們鮮明的簡單性裡，從他的貧窮和魔鬼裡逃脫。然而，轉身面對前方等待著我們的事物的時刻終會到來。文森的故事是悲哀的，因為他面對生活這件實務的裝備十分貧乏。我對於自己運氣較好有著無限感激。我想我的人生故事會是快樂的。

現在當約瑟夫回來，開始興奮聊著我的和他的未來時，我尤其這樣想。「我會在這裡再待四年。」他決斷地說：「然後我會在最喜歡的地方過退休生活。我母親在迦納的村子。我要做什麼？我會起床，看漁夫，如果他們有好魚，我就買；如果他們沒魚，我就不買。你知道溫斯洛．霍默在G區那張畫，有個黑人躺在小船上？四周有鯊魚環繞，遠方有暴風雨接近，但他已經見過大風大浪，就這樣一派輕鬆。」＊19 約瑟夫擺了個姿勢。「那就是我。我已在世間的賭盤上玩得夠久了。事情該怎樣，就讓他怎樣。但你，我的年輕朋友，你，有家室的人，你要迎向世界，大賺好幾十億。如果不成又如何？看看你漂亮的孩子！你已經做得很好了！當奧立佛長到——我們說十二歲好了，薇子十歲，你會到迦納來找我們。」

★

這天剩下的時間，我大多花在跟碰到的人聊天。我和這裡將近三百位警衛大多感情不錯，這樣一來顯然時間是不夠用的。但我也想再嘗最後一次身著藍色制服帶來的匿名之感。所以我前往古典大師展區，和佛斯特先生商量好，接管他一半的崗位。他站在一間展覽室，我站另一間，在那裡我有機會觀看一幅畫，被我認定是自己在

＊19

大都會最喜歡的一幅。[20]

我身為博物館警衛最後所做的努力，是我最早學到在藝術博物館要做的那件事。二十多年前，母親帶著湯姆、米亞和我去芝加哥藝術博物館，要我們在找到最喜歡的那幅畫之前不准離開。在這間博物館待了十年，我不能在還不知道自己最喜歡哪幅畫之前離開。幾個月以來，我在筆記本上寫下候選名單，排列出來，不留情地消去，把大都會的龐大收藏化為我的個人精選。青年雕像、法力像恩基西、「西蒙內蒂」地毯、〈收割者〉……我不想選太多或太少作品，只要剛好的數量，讓我可以帶在身邊——用比喻的話來說——作為繼續前行時的標竿。在古典大師展區，我決定自己最需要的是十五世紀義大利修士畫家安基利柯（Fra Angelico）的耶穌受難。

我對這幅畫的喜愛受到自己偏見的影響。我喜歡古老的藝術。我喜歡厚重木板上的蛋彩，還有龜裂金箔下方露出的紅色黏土基底。我喜歡古老的基督教藝術和它發著光的悲傷。我喜歡這張畫令我想起湯姆，無論有多麼心痛。基督的身體看起來像是被釘在某艘暴風雨中搖擺的船桅上。以此為中心的世界看似搖擺旋轉。一具優雅而破碎的身體，再次提醒我們一件很明白的事情：我們是凡人，我們受苦，在苦難中的勇敢是美的，失去會喚起我們的愛與悲嘆。畫的這部分發揮著神聖藝術的作用，讓我們直接碰觸到某種我們熟知卻又無法理解的事物。

不過修士描繪的不只有基督的身體。他想像在十字架下方有一票混雜的圍觀者，穿著花俏，跨在馬背上，臉上洩露出各式各樣的反應和情緒。有的嚴肅，有的好奇，有的厭倦，有的在想自己的事。古典大師的畫作中常帶有這種寫實主義的痕跡。正如奧登（W. H. Auden）在詩作〈藝術博物館〉（*Musée des Beaux Arts*）中的觀察，即使是「恐怖的殉難」也發生於「有人正在吃喝或開窗或呆滯獨行」之時。（奧登對古典大師也有著墨：「關於受難，他們所知甚真……」。）我把這幅畫裡擁擠的中段視為日常生活中的混雜：諸多細節，前後不一，有時乏味，有時美妙。無論某個片刻如何吸引人心，或根本的奧祕多麼偉大，複雜的世界依然旋轉。我們得過自己的生活，這讓我們忙碌不休。

最後是畫作的最低音域，在此聲調再次轉變。受悲哀打擊的母親癱倒在地，幾名同情者上前照顧。他們和被動的圍觀者不同，心思指向共同的方向，那是直接了當

＊20

地表現善行的方向。畫的最後這部分是一種示範。在我未來的生命中，有人會需要我，我也會有需求；希望我能盡己所能，而別人也能夠平等回報。生命中我不再擁有哥哥，我能感受那份失去。看著這張畫，我知道他會屬於那群警醒、值得讚揚、直接了當地前去看顧聖母的那群人。但現在，我也能夠直視他在我內心的肖像——那張明亮、坦率的提香所繪之臉——然後感到安慰。這是一張我確實可以帶在身邊步出大都會的畫。

★

佛斯特先生被推到下一個崗位時，我跟著他來到大廳之梯頂端，自己遠遠站到一邊，把這個繁忙崗位的榮耀留給他。參觀者仍找我問問題，包括一位年輕女士，想看的是——我不敢相信自己的好運——〈蒙娜麗莎〉。我得要最後一次進行這段對話。

「我們沒有。」我懷著真誠的遺憾告訴她：「那張畫在巴黎。」

「什麼？你們沒有？連複製的都沒有？」

「不好意思，真的沒有。這間博物館裡沒有複製品。你看到的每件作品都是真跡。」

「好吧，你們的達文西作品在哪裡？」

「在全美國只有一幅，但很抱歉它收藏在華盛頓特區。不過我們有很多文藝復興時期其他畫家的作品。」

她看著我的樣子，就好像來到棒球名人堂，卻被告知「我們沒有貝比．魯斯（Babe Ruth），但是有其他一九二〇年代的右外野手……」我盡力鼓舞，保證她絕不會失望，也相信這只是一個小插曲——她現在的瞪眼困惑將會得到好的報償。

我望著她朝古典大師的方向消失在人潮中。輕輕微笑的〈蒙娜麗莎〉在世界上或許只有一幅，但不管去到何處，都有值得端詳的臉孔。回到觀看人潮的姿勢，我發現自己正悄悄排練著身為警衛十年後，自己會給大都會參觀者的建議。這是我身懷的訊息，希望不只能分享給自己的孩子，還能分享給更多人。

現在你進入一個小世界，地理上從美索不達米亞的氾濫平原延伸到巴黎左岸的咖啡館，以及成百上千個地方，在每一個地方，人類都真正超越了自己。首先，請迷失於這一切的遼闊。把淺陋的想法留在門外，愉快地去感受，讓自己就像一小片不重要的碎屑，飛舞於裝滿美麗事物的大倉庫中。

可以的話，早上進來，此時是博物館最安靜的時候。一開始不要跟任何人說話，連警衛都不要。用睜大的、耐心的、接受的眼睛看著藝術作品，給自己時間找到局部細節和整體樣貌，也要看作品的全部。或許你無法用文字形容自己的感覺，但無論如何請留意這些感覺。或許在沉默與靜止之中，你會體驗到某種不尋常或出乎意料的東西。

盡可能去認識一件物品的製作者、文化、包含的意義——這通常是件磨人耐心的工作。但在某個時點，你會想要轉換速度，表達自己的意見。在大都會這個地方，你可以用自己的眼睛看到同為不完美的人類夥伴在這個世界上造出的東西。你絕對有資格對藝術品引出的大哉問發表意見。所以在他人聽不見的你的心思裡，請勇敢思考，尋找想法，痛苦的想法，甚至包括愚蠢的想法；不是為了找到正確答案，而是為了更加了解人類的心與腦，而且你就在運用著這兩者做這件事。找出你在大都會裡喜愛的東西，看看自己從中學到什麼，有什麼可以讓你作為生命的燃料，讓你帶著回世界繼續冒險，某種不是那麼容易符合你想法的東西，那種讓你在前行時仍會記掛，並稍微改變你一點點的東西。

★

到了閉館時間，我仍停在樓梯頂端的棲息處。下方的大廳充滿騷動，人潮穿上外套，看著地圖，轉換到外面那難以言喻的美麗世界，回到自己生命的行進之中。

藝術往往從我們盼望能夠留存不動的瞬間延伸。我們感知到某種那麼美、那麼真實，或者宏偉、或者悲傷的東西，讓我們無法處之泰然。藝術家創造出短暫瞬間的記錄，彷彿將時間停止。他們幫助我們相信有些事情並非稍縱即逝，而能保持美麗、真實、宏偉、悲傷，或愉悅，持續許多輩子——而這裡就是證據，用油彩畫下，用大理石雕刻，或縫製成拼布被子。

世界如此多彩豐富，存在而非不存在，有人耗費心力造出如此美麗的事物，這是昭然若揭的奧祕。藝術同時含有清晰與神祕，提醒我們明顯的事情，探索被遺漏的事物。對於我與藝術共處一室的那許多時光，我充滿感激。而且我還會回來。

十年前當我站上自己的崗位時，我有所不知。有時，生命可以專注於簡單與靜止，正如站在閃閃發光的藝術作品之間守望的警衛。但有時生命也關乎埋首營生，困苦掙扎，成長，創造。

五點半，我卸下陳舊的領帶，步下大廳之梯。

致謝

你是否看過《莫負少年頭》（*It's a Wonderful Life*）裡的這段情景：喬治重獲生命，在破舊的老房子裡大喊「瑪麗！瑪麗！」（他在狂喜之中是否忘了自己也有孩子）？我對妻子塔拉就是這樣的感覺。塔拉，謝謝你的愛，你的智慧，你的辛勤努力，你的一切。

我的父母吉姆和莫琳對我生命中的每個階段所做的事都大加鼓勵。媽媽和爸爸，謝謝你們。我的兄妹，湯姆和米亞，是我最老的朋友和最重要的共謀者。謝謝你，米亞；還有湯姆，這整本書都是獻給你的。

我感謝我的經紀人法利．卻斯（Farley Chase）和編輯埃蒙．多蘭（Eamon Dolan）。法利在我還一無所知時就給了我機會，我是說還搞不清自己在做什麼的時候。他同時扮演教練和經紀人的角色，給我太多額外支持。埃蒙對大都會的愛一點都不亞於我，我寄給他的每個字他都會熱情詳讀，嚴格審視——「很棒！」他總是這樣說，接著便打開紅筆的筆蓋，用力鞭策我。法利、埃蒙，謝謝你們。也要感謝齊波拉·貝區（Tzipora Baitch）和西蒙與舒斯特出版社（Simon & Schuster）每一位參與了本書製作的人。

我對大都會藝術博物館的警衛有說不完的感激。工會 DC37 地方工會 1503 的兄弟姊妹，謝謝你們分享自己的故事和智慧，以及你們所做的重要工作。其中與我是朋友的人，我會親自謝謝你們，而且會常常如此。我也謝謝大都會的其他員工——保管人、策展人、商店主人、店員，還有其他成百上千讓博物館得以運作的人。林布蘭沒有你們也無法發揮。

本書的插畫家瑪雅·麥克馬洪（Maya McMahon）持續地交出感性細緻又鮮活的作品。瑪雅，謝謝你。也要謝謝艾蜜莉·樂馬基斯（Emilie Lemakis）讓瑪雅畫她的生日蛋糕作品。請一定要拜訪 emilielemakis.com，購買她的作品。

我很幸運地擁有許多朋友，給予我各種不同的協助，包括同意閱讀本書裡的篇章。瑪麗·西伯特（Mary Hiebert）、亞歷克斯·羅斯（Alex Ross）、文森·凱特梅皮（Vincent Ketemepi）、溫斯頓·莫里亞（Winston Moriah）、路易莎·林（Louisa Lam）、歐文·卡連托（Owen Caliento）、柯迪·威斯特法爾（Cody Westphal）、

Madonna and Child
ca. 1290–1300
Duccio di Buoninsegna
Italian
2004.442

*

〈十四歲的小舞者〉，1922 年（鑄模雕像），竇加，法國，29.100.370
The Little Fourteen-Year-Old Dancer
1922 (cast)
Edgar Degas
French
29.100.370

*

受傷戰士的大理石雕像，約 138-181 年，羅馬，根據西元前 450-450 間的一座希臘青銅像複製，25.116
Marble Statue of a Wounded Warrior
ca. AD 138–181
Roman, copy of a Greek bronze statue of ca. 460–450 BC
25.116

*

馬斯塔巴形式的破內布之墓，約西元前 2381-2323 年，埃及，古王國時期
Mastaba Tomb of Perneb
ca. 2381–2323 BC
Egyptian, Old Kingdom
13.183.3

*

〈馬呂斯的勝利〉，1729 年，提也波洛，義大利，65.183.1
The Triumph of Marius
1729
Giovanni Battista Tiepolo
Italian
65.183.1

*

比斯柱，約 1960 年，范尼佩達斯，阿斯馬特族，印尼，1978.412.1250
Bis Pole
ca. 1960
Fanipdas

Asmat people, Indonesia
1978.412.1250

*

〈收割者〉，1565 年，老彼得．布勒哲爾，尼德蘭，19.164
The Harvesters
1565
Pieter Bruegel the Elder
Netherlandish
19.164

2 窗

*

〈聖母與聖嬰〉，約 1230 年，伯林吉耶羅，義大利，60.173
Madonna and Child
ca. 1230
Berlinghiero
Italian
60.173

*

〈建築師蒂布西奧．佩雷斯．奎爾沃〉，1820 年，哥雅，西班牙，30.95.242
Tiburcio Pérez y Cuervo, the Architect
1820
Goya (Francisco de Goya y Lucientes)
Spanish
30.95.242

*

〈瑪莉雅．特麗莎公主〉，約 1651-1654 年，維拉斯奎茲，西班牙，49.7.43
María Teresa, Infanta of Spain
ca. 1651–1654
Velázquez (Diego Rodríguez de Silva y Velázquez)
Spanish
49.7.43

*

〈年輕女子肖像〉，約 1665-1667 年，維梅爾，荷蘭，1979.396.1
Study of a Young Woman

ca. 1665–1667
Johannes Vermeer
Dutch
1979.396.1

*
〈睡著的女僕〉，約 1656-1657 年，維梅爾，荷蘭，14.40.611
A Maid Asleep
ca. 1656–1657
Johannes Vermeer
Dutch
14.40.611

*
〈維納斯與阿多尼斯〉，1550 年代，提香，義大利，49.7.16
Venus and Adonis
1550s
Titian (Tiziano Vecellio)
Italian
49.7.16

*
〈男子肖像〉，約 1515 年，提香，義大利，14.40.640
Portrait of a Man
ca. 1515
Titian (Tiziano Vecellio)
Italian
14.40.640

*
〈耶穌被釘十字架〉，約 1325-1330 年，達迪，義大利，1999.532
The Crucifixion
ca. 1325–1330
Bernardo Daddi
Italian
1999.532

3 聖母憐子

*
〈金翅雀聖母〉，約 1506 年，拉斐爾，

義大利，烏菲茲美術館，佛羅倫斯
"Madonna of the Goldfinch"
ca. 1506
Raphael (Raffaello Sanzio)
Italian
Uffizi, Florence

*
〈黛安娜〉，1982-1983 年，奧古斯都·聖高登斯，美國，生於愛爾蘭，費城藝術博物館，在大都會有一座較小的版本 28.101
Diana
1892–1893
Augustus Saint-Gaudens
American, born Ireland
Philadelphia Museum of Art
There is a smaller version in the Met: 28.101

*
〈耶穌降生與賢士朝拜〉，約 1290-1300 年，義大利，費城藝術博物館
Nativity and Adoration of Christ
ca. 1290–1300
Italian
Philadelphia Museum of Art

*
〈墳裡的基督與聖母〉，約 1377 年，尼可洛·迪·皮埃特羅·傑里尼，義大利，費城藝術博物館
Christ in the Tomb and the Virgin
ca. 1377
Niccolò di Pietro Gerini
Italian
Philadelphia Museum of Art

4 數百萬年的光陰

*
水神，十五世紀—十六世紀早期，阿茲特克，00.5.72
Water Deity (Chalchiuhtlicue)
15th–early 16th century
Aztec
00.5.72

*
〈蘋果盤〉，約 1876-1877 年，塞尚，法國，1997.60.1
Dish of Apples
ca. 1876–1877
Paul Cézanne
French
1997.60.1

*
裸體男子青銅雕像，約西元前 200 年—西元 200 年，希臘或羅馬，私人收藏，大都會借展
Bronze Statue of a Nude Male
ca. 200 BC – AD 200
Greek or Roman
Private collection, on loan to the Met

*
薩第斯的阿提密斯神廟的大理石柱，約西元前 300 年，希臘，26.59.1
Marble Column from the Temple of Artemis at Sardis
ca. 300 BC
Greek
26.59.1

*
馬斯塔巴形式的破內布之墓，約西元前 2381-2323 年，埃及，古王國時期，13.183.3
Mastaba Tomb of Perneb
ca. 2381–2323 BC
Egyptian, Old Kingdom
13.183.3

*
臥獅，約西元前 2575-2450 年，埃及，古王國時期，2000.485
Recumbent Lion
ca. 2575–2450 BC
Egyptian, Old Kingdom
2000.485

*
手斧，約西元前30萬—9萬年，埃及，

舊石器時代晚期，06.322.4
Biface, or Hand Ax
ca. 300,000–90,000 BC
Egyptian, Lower Paleolithic Period
06.322.4

*

矛頭，約西元前 6900-3900 年，埃及，新石器時代，26.10.68
Hollow-Base Projectile Point
ca. 6900–3900 BC
Egyptian, Neolithic Period
26.10.68

*

梅克特墓中的划船模型，約西元前 1981-1975 年，埃及，中王國時期，20.3.1
Model of a Traveling Boat being Rowed from the Tomb of Meketre
ca. 1981–1975 BC
Egyptian, Middle Kingdom
20.3.1

*

梅克特墓中的烘焙與釀造工坊模型，約西元前 1981-1975 年，埃及，中王國時期，20.3.12
Model of a Bakery and Brewery from the Tomb of Meketre
ca. 1981–1975 BC
Egyptian, Middle Kingdom
20.3.12

*

梅克特墓中的門廊和花園模型，約西元前 1981-1975 年，埃及，中王國時期，20.3.13
Model of a Porch and Garden from the Tomb of Meketre
ca. 1981–1975 BC
Egyptian, Middle Kingdom 2
0.3.13

*

梅克特墓中的糧倉和抄寫員，約西元前 1981-1975 年，埃及，中王國時期，

20.3.11
Model of a Granary with Scribes from the Tomb of Meketre
ca. 1981–1975 BC
Egyptian, Middle Kingdom
20.3.11

*

哈謝普蘇坐像，約西元前 1479-1458 年，新王國時期，29.3.2
Seated Statue of Hatshepsut
ca. 1479–1458 BC
Egyptian, New Kingdom
29.3.2

*

哈謝普蘇大型跪像，約西元前 1479-1458 年，埃及，新王國時期，29.3.2
Large Kneeling Statue of Hatshepsut
ca. 1479–1458 BC
Egyptian, New Kingdom
29.3.1

*

赫吉普之子烏荷太普的木乃伊，約西元前 1981-1802 年，埃及，中王國時期，12.182.132c
Mummy of Ukhhotep, son of Hedjpu
ca. 1981–1802 BC E
gyptian, Middle Kingdom
12.182.132c

*

奈芙蒂斯的卡諾普罈，約西元前 1981-1802 年，埃及，中王國時期，11.150.17b
Canopic Jar of Nephthys
ca. 1981–1802 BC
Egyptian, Middle Kingdom
11.150.17b

*

丹鐸神廟，約西元前10年，埃及，羅馬時期，68.154
The Temple of Dendur
ca. 10 BC
Egyptian, Roman Period
68.154

5 來自遠方

*

亞斯特中國庭園，1981 年建造，中國明代風格，217 展覽室
The Astor Chinese Garden Court
1981 (built), 17th century style Chinese
Gallery 217

*

〈樹色平遠圖〉，約 1080 年，郭熙，中國，1981.276
Old Trees, Level Distance
ca. 1080
Guo Xi
Chinese
1981.276

*

〈睡蓮池上的拱橋〉，1899 年，莫內，法國，29.100.113
Bridge over a Pond of Water Lilies
1899
Claude Monet
French
29.100.113

*

〈雪和陽光下的乾草堆〉，約 1891 年，莫內，法國，29.100.109
Haystacks (Effect of Snow and Sun)
ca. 1891
Claude Monet
French
29.100.109

*

〈夏日的維特尼〉，1880 年，莫內，法國，51.30.3
Vétheuil in Summer
1880
Claude Monet
French
51.30.3

*

王母面具，十六世紀，埃多人，奈及利亞，1978.412.323
Queen Mother Pendant Mask
16th century
Edo people, Nigeria
1978.412.323

*

法力像（恩基西），十九—二十世紀，松耶族人，剛果民主共和國，1978.409
Community Power Figure (Nkisi)
19th–20th century
Songye people, Democratic Republic of the Congo
1978.409

6 血與肉

*

〈自畫像，「Yo」〉，1900年，畢卡索，西班牙，1982.179.18
Self-Portrait, “Yo”
1900
Pablo Picasso
Spanish
1982.179.18

*

〈347 Suite〉，1968年，畢卡索，西班牙，有多個登錄號，如1985.1165.38
347 Suite
1968
Pablo Picasso
Spanish
Various accession numbers, e.g., 1985.1165.38

*

〈演員〉，1904-1905年，畢卡索，西班牙，52.175
The Actor
1904–1905
Pablo Picasso
Spanish
52.175

*

〈白衣女子〉，1923年，畢卡索，西班牙，53.140.4
Woman in White
1923
Pablo Picasso
Spanish
53.140.4

*

大理石柱上的頭像，約西元前五世紀晚期，希臘，59.11.24
Marble Head from a Hermes
ca. late 5th century BC
Greek
59.11.24

*

遭竊的賽普勒斯金手環電鑄複製品
由 Tiffany & Co. 製作，手環原件製作於西元前六－五世紀，賽普勒斯，74.51.3552
Electrotype Copy of a Stolen Cypriot Bracelet
Copy produced by Tiffany & Co. of a bracelet made in 6th–5th century BC
Cypriot
74.51.3552

*

女神奈特像，西元前664-380年，埃及，古埃及晚期，26.7.846
Statuette of Neith
664–380 BC
Egyptian, Late Period
26.7.846

*

〈聖湯瑪斯〉，約1317-1319年，西蒙尼・馬提尼工坊，義大利，43.98.9
Saint Thomas
ca. 1317–1319
Workshop of Simone Martini
Italian
43.98.9

*

〈安妮．伊莉莎白．喬姆利，後來的穆爾格雷夫人〉，約 1788 年，庚斯博羅．杜邦，英國，49.7.56
Anne Elizabeth Cholmley, Later Lady Mulgrave
ca. 1788 Gainsborough Dupont
British
49.7.56

*

〈維特尼一景〉，1880 年，莫內，法國，56.135.1
View of Vétheuil
1880
Claude Monet
French
56.135.1

*

薩比頓聖餐杯，約西元前 520-510 年，尤夫羅尼奧斯，希臘，義大利切爾韋泰里國家考古學博物館
Sarpedon Krater
ca. 520–510 BC
Euphronios
Greek
Museo Nazionale Cereti, Cerveteri, Italy

*

拉美西斯六世的戒指，約西元前 1143-1136 年，埃及，新王國時期，26.7.768
Signet Ring of Ramesses VI
ca. 1143–1136 BC
Egyptian, New Kingdom
26.7.768

*

維涅季人或南內提人的金幣，西元前二世紀，凱爾特，17.191.120
Gold Coin of the Veneti or Namneti
Mid-2nd century BC
Celtic
17.191.120

*

巴黎西人的金幣，西元前二世紀的最後四分之一，凱爾特，17.191.121
Gold Coin of the Parisii
Last quarter 2nd century BC
Celtic
17.191.121

*

裝飾，可能是洋裝或袖子的固定釦，約西元前 800 年，愛爾蘭，47.100.9 和 47.100.10
Ornaments, perhaps dress fasteners or sleeve fasteners
ca. 800 BC
Irish
47.100.9 and 47.100.10

*

〈扮演丑角的舞者〉，1920 年（鑄模雕像），竇加，法國，29.100.411
Dancer in the Role of Harlequin
1920 (cast)
Edgar Degas
French
29.100.411

*

〈往前抬腿的舞者〉，1920 年（鑄模雕像），竇加，法國，29.100.385
Arabesque Devant
1920 (cast)
Edgar Degas
French
29.100.385

*

阿芙蘿黛蒂蹲姿大理石像，一或二世紀，羅馬，複製自西元前三世紀的希臘雕像，09.221.1
Marble Statue of a Crouching Aphrodite
1st or 2nd century AD
Roman, copy of a Greek statue of the 3rd century BC
09.221.1

*

〈聖母與聖嬰〉，約 1290-1300 年，杜奇歐，義大利，2004.442
Madonna and Child
ca. 1290–1300
Duccio di Buoninsegna
Italian
2004.442

*

〈安地斯山脈之心〉，1859 年，弗雷德里克．埃德溫．丘奇，美國，09.95
Heart of the Andes
1859
Frederic Edwin Church
American
09.95

*

〈牛軛湖〉，1836 年，托馬斯．科爾，美國，08.228
View from Mount Holyoke, Northampton, Massachusetts, after a Thunderstorm—The Oxbow
1836 Thomas Cole
American
08.228

*

〈冬，紐約中央公園〉，1913-1914 年，史特蘭德，美國，2005.100.117
Winter, Central Park, New York
1913–1914 Paul Strand
American
2005.100.117

*

〈熨斗大廈〉，1904 年，史泰欽，美國，33.43.39
The Flatiron
1904
Edward J. Steichen
American
33.43.39

*
〈新舊紐約〉，1910 年，史蒂格利茲，美國，58.577.2
Old and New New York
1910
Alfred Stieglitz
American
58.577.2

*
〈歐姬芙—手〉，1919 年，史蒂格利茲，美國，1997.61.18
Georgia O'Keeffe—Hands
1919
Alfred Stieglitz
American
1997.61.18

*
〈歐姬芙——腳〉，1918 年，史蒂格利茲，美國，1997.61.55
Georgia O'Keeffe—Feet
1918
Alfred Stieglitz
American
1997.61.55

*
〈歐姬芙——軀幹〉，1918 年，史蒂格利茲，美國，28.130.2
Georgia O'Keeffe—Torso
1918
Alfred Stieglitz
American
28.130.2

*
〈歐姬芙——乳房〉，1919 年，史蒂格利茲，美國，1997.61.23
Georgia O'Keeffe—Breasts
1919
Alfred Stieglitz
American
1997.61.23

*

〈歐姬芙〉，1922 年，史蒂格利茲，美國，1997.61.66
Georgia O’Keeffe
1922
Alfred Stieglitz
American
1997.61.66

*

〈歐姬芙〉，1918 年，史蒂格利茲，美國，1997.61.25
Georgia O’Keeffe
1918
Alfred Stieglitz
American
1997.61.25

*

〈歐姬芙〉，1918 年，史蒂格利茲，美國，28.127.1
Georgia O’Keeffe
1918
Alfred Stieglitz
American
28.127.1

7 修道院

*

法國朗貢聖母教堂的禮拜堂，約 1126 年，法國，34.115.1-.269
Chapel from Notre-Dame-du-Bourg at Langon
ca. 1126
French
34.115.1-.269

*

庫峽中庭，約 1130-1140 年，卡塔蘭，25.120.398-.954
“Cuxa” Cloister
ca. 1130–1140
Catalan
25.120.398-.954

*
〈梅羅德聖壇三聯畫〉，約 1427-1432 年，羅伯特．康平工坊，尼德蘭，56.70a-c
Annunciation Triptych (Mérode Altarpiece)
ca. 1427–1432
Workshop of Robert Campin
Netherlandish
56.70a-c

*
伯里聖艾德蒙茲十字架，約 1150-1160 年，英國，63.12
The Cloisters Cross (Bury Saint Edmunds Cross)
ca. 1150–1160
British
63.12

*
博納豐中庭，十三世紀晚期—十四世紀，法國，25.120.531-.1052
"Bonnefont" Cloister
Late 13th–14th century
French
25.120.531-.1052

*
〈收割者〉，1565 年，老彼得．布勒哲爾，尼德蘭，19.164
The Harvesters
1565
Pieter Bruegel the Elder
Netherlandish
19.164

8 哨兵群像

*
美國銀行第二分行的立面，1822-1824 年，馬丁．歐幾里．湯普生，美國，700 展覽室
Facade of the Second Branch Bank of the United States
1822–1824
Martin Euclid Thompson
American

Gallery 700

*

聚會所展覽室，根據麻薩諸塞的老船教堂聚會所而設計，1924 年，參考 1681 年的原型，美國，713 展覽室
Meeting House Gallery, Inspired by the Old Ship Church in Hingham, Massachusetts
1924, based on original from 1681
American
Gallery 713

*

哈特屋內的房間，1680 年， 美國，36.127，709 展覽室
Room from the Hart House
1680 American
36.127
Gallery 709

*

蓋茲比旅店的舞廳（亞歷山大廳），1792 年，美國，719 展覽室
Ballroom from Gadsby's Tavern (the Alexandria Ballroom)
1792
American
Gallery 719

*

〈喬治．華盛頓肖像〉，約 1795 年，吉爾伯特．斯圖爾特，美國，07.160
George Washington
ca. 1795 Gilbert Stuart
American
07.160

*

〈華盛頓橫渡德拉瓦河〉，1851 年，艾曼紐．洛伊茨，美國人，生於德國，97.34
Washington Crossing the Delaware
1851
Emanuel Leutze
American, born Germany
97.34

＊

桃花心木椅，約 1760-1790，美國，32.57.4

Mahogany Side Chair
ca. 1760–1790
American
32.57.4

＊

〈生日物件第五十號〉，2015 年，艾蜜莉．樂馬基斯，美國，藝術家私人收藏

Birthday Thing Number 50
2015
Emilie Lemakis
American
The artist's collection

9 青年雕像

＊

大理石青年雕像，約西元前 590-580 年，希臘，32.11.1

Marble Statue of a Kouros (youth)
ca. 590–580 BC
Greek
32.11.1

＊

雙耳陶瓶，阿賈克斯背著阿基里斯的屍體，約西元前 530 年，希臘，26.60.20

Terra-cotta Neck-Amphora, with Ajax Carrying the Body of Achilles
ca. 530 BC
Attributed to the Painter of London B 235
Greek
26.60.20

＊

大理石雅典娜頭部（梅迪奇雅典娜），約 138-92 年，原作被認為是非狄亞斯所做，羅馬，原始希臘雕像約製作於西元前 430 年，2007.293

Marble Head of Athena (the Athena Medici)
ca. AD 138–92
Original attributed to Phidias
Roman, copy of a Greek statue of ca. 430

BC
2007.293

*
「藍色古蘭經」的內頁，約 850-950 年，突尼西亞，2004.88
Folio from the “Blue Quran”
ca. AD 850 – 950
Tunisian
2004.88

*
可攜帶的古蘭經，十七世紀，伊朗或土耳其，89.2.2156
Portable Quran manuscript
17th century
Iranian or Turkish
89.2.2156

*
取自「烏瑪爾．阿克達古蘭經」的內頁，約 1400 年，烏瑪爾．阿克達，中亞，製作地相當於今天的烏茲別克，18.17.1, .2 和 21.26.12
Folio from the “Quran of ‘Umar Aqta’ ”
ca. 1400
‘Umar Aqta’
Central Asian, made in present-day Uzbekistan
18.17.1, .2, and 21.26.12

*
香爐，1181-1182 年，Ja ‘far ibn Muhammad ibn ‘Ali，伊朗，51.56
Incense Burner of Amir Saif al-Dunya wa’l-Din ibn Muham-mad al-Mawardi
1181–1182
Ja ‘far ibn Muhammad ibn ‘Ali Iranian
51.56

*
棋組，十二世紀，伊朗，1971.193a-ff
Chess Set
12th century
Iranian
1971.193a-ff

*

〈穆罕默德騎駿馬夜行〉，約 1525-1535 年，蘇丹穆罕默德．努兒，伊朗，1974.294.2

The Mi'raj, or The Night Flight of Muhammad on his Steed Buraq
ca. 1525–1535
Sultan Muhammad Nur
Iranian
1974.294.2

*

附有鎖子甲的頭盔，十五世紀晚期到十六世紀，土耳其，土庫曼盔甲風格，50.87

Helmet with Aventail
Late 15th–16th century
Turkish, in the style of Turkman armor
50.87

*

摩洛哥庭院，建於 2011 年，十四世紀摩洛哥風格，456 展覽室

Moroccan Court
2011 (built), style of the 14th century
Moroccan
Gallery 456

*

米哈拉布（祈禱壁龕），1354-1355 年，伊朗，39.20

Mihrab (Prayer Niche)
1354–1355
Iranian
39.20

*

「西蒙內蒂」地毯，約 1500 年，埃及，1970.105

The "Simonetti" carpet
ca. 1500
Egyptian
1970.105

*

〈苦修僧像〉，十六世紀，中亞，可能製作於今天的烏茲別克，57.51.27

Portrait of a Dervish
16th century
Central Asian, likely made in present-day Uzbekistan
57.51.27

10 老兵

*
〈遭劫掠的薩比奴女人〉，約 1633-1634，尼古拉．普桑，法國，46.160
The Abduction of the Sabine Women
ca. 1633–1634
Nicholas Poussin
French
46.160

*
〈華盛頓橫渡德拉瓦河〉，1851 年，艾曼紐．洛伊茨，美國人，生於德國，97.34
Washington Crossing the Delaware
1851
Emanuel Leutze
American, born Germany
97.34

*
〈伯恩夫人〉，1766 年，約翰．辛格頓．科普利，美國，24.79
Mrs. Sylvanus Bourne
1766
John Singleton Copley
American
24.79

*
餐桌，1800-1825，美國，66.10.1
Shaker Dining Table
1800–1825
American
66.10.1

*
核桃木茶几，1740-1790 年，美國，

25.115.32
Walnut Tea Table
1740–1790
American
25.115.32

*
桃花心木工作桌，1815-1820年，美國，
65.156
Mahogany Worktable
1815–1820
American
65.156

*
花梨木和桃花心木牌桌，約1825年，
被認為是鄧肯．菲夫工坊製作，美國，
68.94.2
Rosewood and Mahogany Card Table
ca. 1825
Attributed to the workshop of Duncan Phyfe
American
68.94.2

*
楓木折疊桌，1700-1730年，美國，
10.125.673
Maple Drop-leaf Table
1700–1730
American
10.125.673

*
楓木和桃花心木豎面茶几，約1800年，
美國，10.125.159
Maple and Mahogany Tilt-top Tea Table
ca. 1800
American
10.125.159

*
椴木、桃花心木和白松木玄關展示桌，
約1815年，美國，1970.126.1
Satinwood, Mahogany, and White Pine Console Table
ca. 1815

American
1970.126.1

*

黃松木和橡木長桌，1640-1690年，美國，10.125.701
Yellow Pine and Oak Trestle Table
1640–1690
American
10.125.701

*

橡木、松木和楓木櫃桌，1650-1700年，美國，49.155.2
Oak, Pine, and Maple Chamber Table
1650–1700
American
49.155.2

*

核桃木、鵝掌楸和白松木立鐘，1750-1760年，老約翰．伍德和小約翰．伍德，美國，41.160.369
Walnut, Tulip Poplar, and White Pine Tall Clock
1750–1760
John Wood Sr. and John Wood Jr.
American
41.160.369

*

桃花心木與白松木座鐘，1805-1809年，亞倫．威拉德與小亞倫．威拉德，美國，37.37.1
Mahogany and White Pine Shelf Clock
1805–1809
Aaron Willard and Aaron Willard Jr.
American
37.37.1

*

桃花心木與白松木壁鐘，1800-1810，西蒙．威拉德，美國，37.37.2
Mahogany and White Pine Wall Clock
1800–1810 Simon Willard
American
37.37.2

*
桃花心木橡實鐘，1847-1850，福雷斯特維爾製造公司，美國，1970.289.6
Mahogany Acorn Clock
1847–1850
Forestville Manufacturing Company
American
1970.289.6

*
桃花心木燈塔鐘，1800-1848 年，西蒙．威拉德，美國，30.120.19a, b
Mahogany Lighthouse Clock
1800–1848 Simon Willard
American
30.120.19a, b

*
桃花心木、白松木和鵝掌楸的斑鳩琴鐘，約 1825 年，小亞倫．威拉德，美國，30.120.15
Mahogany, White Pine, and Tulip Poplar Banjo Clock
ca. 1825
Aaron Willard Jr.
American
30.120.15

*
桃花心木、白松木和鵝掌楸的里拉琴鐘，1822-1828 年，約翰．薩文，美國，10.125.391
Mahogany, White Pine, and Tulip Poplar Lyre Clock
1822–1828 John Sawin
American
10.125.391

*
核桃木與白松木鏡子，1740-1790 年，美國，25.115.41
Walnut and White Pine Looking Glass
1740–1790
American
25.115.41

*
糖夾，十八世紀，美國，10.125.593
Steel Sugar Nippers
18th century
American
10.125.593

*
皮革消防帽，1800-1850年，美國，10.125.609
Leather Fireman's Helmet
1800–1850
American
10.125.609

*
消防帽上的皮革盾形標章，1839-1850年，美國，10.125.608
Leather Fireman's Shield
1839–1850
American
10.125.608

*
〈賈柏．佩利特〉，1790年，魯本．莫斯羅普，美國，65.254.1
Job Perit
1790
Reuben Moulthrop
American
65.254.1

*
〈湯瑪斯．布魯斯特．柯立芝夫人〉，約1827年，切斯特（查爾斯）．哈定，美國，20.75
Mrs. Thomas Brewster Coolidge
ca. 1827
Chester (Charles) Harding
American
20.75

*
〈亨利．拉．圖雷特．德．古魯特先生〉，1825-1830年，山謬爾．洛維特．沃爾多和威廉．朱維特，美國，36.114

Henry La Tourette de Groot
1825–1830
Samuel Lovett Waldo and William Jewett
American
36.114

*
〈海上日落〉，1872 年，約翰．弗雷德里克．肯塞特，美國，74.3
Sunset on the Sea
1872
John Frederick Kensett
American
74.3

*
修理篷車的千斤頂，1784 年，美國，53.205
Conestoga Wagon Jack
1784
American
53.205

*
銀托盤，1879 年，Tiffany & Co.，美國，66.52.1
Silver Tray
1879
Tiffany & Co.
American
66.52.1

*
威利．梅斯，卡片號碼 244 號，Topps Dugout 問答系列，1953 年，Topps 口香糖公司，美國，伯迪克 328，R414–7.244
Willie Mays, Card Number 244, from Topps Dugout Quiz Series (R414-7)
1953
Topps Chewing Gum Company
American
Burdick 328, R414–7.244

*
漢克．阿倫，巴組卡火箭筒「Blank Back」系列，1959 年，Topps 口香糖公

司，美國，63.350.329.414–15.14
Hank Aaron, from the Bazooka "Blank Back" Series (R414–15)
1959
Topps Chewing Gum Company
American
63.350.329.414–15.14

*

何那斯．華格納，白邊系列，1909-1911年，美國菸草公司，美國，63.350.246.206.378
Honus Wagner, from the White Border Series (T206)
1909–1911
American Tobacco Company
American
63.350.246.206.378

*

金恩．凱利，世界冠軍系列，1887年，艾倫與金特香菸公司，美國，63.350.201.28.3
Mike "King" Kelly, from World's Champions, Series 1 (N28)
1887
Allen & Ginter's Cigarettes
American
63.350.201.28.3

*

傑克．麥基奇，金幣系列，1887年，金幣嚼菸公司，美國，63.350.222.284.62
Jack M'Geachy, from the Gold Coin Series (N284)
1887
Gold Coin Chewing Tobacco
American
63.350.222.284.62

*

吉他，1937年，赫曼．豪瑟，德國，1986.353.1
Guitar
1937
Hermann Hauser
German
1986.353.1

*

卡曼切琴，約 1869 年，伊朗，89.4.325
Kamanche
ca. 1869
Iranian
89.4.325

*

箏，二十世紀，日本，1986.470.3
Koto
20th century
Japanese
1986.470.3

*

求愛笛，約 1850-1900 年，美洲蘇族原住民，89.4.3371
Courting Flute (siyotanka) ca. 1850–1900
Sioux
89.4.3371

*

大鍵琴，約 1670 年，米歇爾．托迪尼（設計），巴西里歐．歐諾弗里（鑲金），雅各布．瑞夫（雕花），義大利，89.4.2929a-e
Harpsichord
ca. 1670
Michele Todini (designer), Basilio Onofri (gilt work), and Jacob Reiff (carving)
Italian
89.4.2929a-e

*

小提琴「The Gould」，1693 年，安東尼奧．史特拉迪瓦里，義大利，55.86a-c
"The Gould" violin
1693
Antonio Stradivari
Italian
55.86a-c

*

手搖鈴，十九世紀，易洛魁族，06.1258
Kanyáhte' ká'nowa' (Snapping turtle shell rattle)
19th century

倫，安布里島人，萬那杜，1975.93
Slit Gong (Atingting kon)
Mid- to late 1960s
Tin Mweleun
Ambrym people, Vanuatu 1975.93

*
比斯柱，約 1960 年，珠兒，阿斯馬特族，印尼，1978.412.1248
Bis Pole
ca. 1960
Jewer
Asmat people, Indonesia
1978.412.1248

*
獨木舟，1961 年，切那薩皮契酋長，阿斯馬特族，印尼，1978.412.1134
Canoe
1961
Chief Chinasapitch
Asmat people, Indonesia
1978.412.1134

*
羽毛貨幣，十九世紀後期到二十世紀初，所羅門群島，2010.326
Money Coil (Tevau)
Late 19th–early 20th century
Solomon Islands
2010.326

*
〈帕修斯舉著梅杜莎的頭〉，1804-1806 年，安東尼奧．卡諾瓦，義大利，67.110.1
Perseus with the Head of Medusa
1804–1806
Antonio Canova
Italian
67.110.1

*
瓦朗日維爾飯店的壁板，約 1736-1752 年，後有增修，法國，63.228.1
Boiserie from the Hôtel de Varengeville
ca. 1736–1752, with later additions

French
63.228.1

*

〈向日葵〉，1887年，梵谷，荷蘭，49.41
Sunflowers
1887
Vincent van Gogh
Dutch
49.41

*

〈夾竹桃〉，1888年，梵谷，荷蘭，62.24
Oleanders
1888
Vincent van Gogh
Dutch
62.24

*

〈鳶尾花〉，1890年，梵谷，荷蘭，58.187
Irises
1890
Vincent van Gogh
Dutch
58.187

*

〈削馬鈴薯的人〉（背面為〈戴草帽的自畫像〉），1885年，梵谷，荷蘭，67.187.70b
The Potato Peeler (reverse of Self-Portrait with a Straw Hat)
1885
Vincent van Gogh
Dutch
67.187.70b

*

〈吉諾克女士〉，1888-1889年，梵谷，荷蘭，51.112.3
L'Arlésienne: Madame Joseph-Michel Ginoux
1888–1889

Vincent van Gogh
Dutch
51.112.3

*

〈第一步，根據米勒作品重作〉，1890年，梵谷，荷蘭，64.165.2
First Steps, after Millet
1890
Vincent van Gogh
Dutch
64.165.2

*

〈戴草帽的自畫像〉（正面為〈削馬鈴薯的人〉），1887年，梵谷，荷蘭，67.187.70a
Self-Portrait with a Straw Hat (obverse of The Potato Peeler) 1887
Vincent van Gogh
Dutch
67.187.70a

*

〈猶太新娘〉，約1665-1669年，林布蘭，荷蘭，荷蘭國家博物館
Isaac and Rebecca, known as "The Jewish Bride"
ca. 1665–1669
Rembrandt van Rijn
Dutch
Rijksmuseum, Amsterdam

*

〈墨西哥灣流〉，1899年，在1906年之前重繪，溫斯洛．霍默，美國，06.1234
The Gulf Stream
1899, reworked by 1906
Winslow Homer
American
06.1234

*

〈耶穌被釘十字架〉，約1420-1423年，安基利柯，義大利，43.98.5
The Crucifixion

ca. 1420–1423
Fra Angelico (Guido di Pietro)
Italian
43.98.5

參考文獻

本書中關於藝術品的資訊，大部分可在 metmuseum.org 上找到。在每個收藏品的網頁上，都會有收藏目錄資料、技法資訊，還有一個參考文獻的段落，指出相關出版品。多數情況下，大都會的正式出版品可以免費線上閱讀，見 metmuseum.org/art/metpublications。

下面提供的書籍和文章以主題分類，然後依作者姓氏排列。

非洲藝術

Ezra, Kate. *Royal Art of Benin: The Perls Collection in the Metropoli- tan Museum of Art.* New York: Metropolitan Museum of Art, 1992. Published in conjunction with an exhibition held at the Metropoli- tan Museum of Art, January 16–September 13, 1992.

LaGamma, Alisa, ed. *Kongo: Power and Majesty.* New York: Metropolitan Museum of Art,

2015. Published in conjunction with an exhibition held at the Metropolitan Museum of Art, September 18, 2015–January 3, 2016.

Neyt, François. *Songye: The Formidable Statuary of Central Africa.* Translated by Mike Goulding, Sylvia Goulding, and Jan Salomon. New York: Prestel, 2009.

美國藝術

Belson, Ken. "A Hobby to Many, Card Collecting Was Life's Work for One Man." *New York Times,* May 22, 2012.

Flexner, James Thomas. First Flowers of Our Wilderness. Volume 1 of *American Painting.* Boston: Houghton Mifflin, 1947.

Garrett, Wendell D. "The First Score for American Paintings and Sculpture, 1870–1890." *Metropolitan Museum Journal* 3 (1970): 307–35. https://doi.org/10.2307/1512609.

O'Neill, John P., Joan Holt, and Dale Tuckers, eds. *A Walk Through the American Wing.* New York: Metropolitan Museum of Art; New Haven: Yale University Press, 2001.

兵器和盔甲

Rasenberger, Jim. *Revolver: Sam Colt and the Six-Shooter That Changed America.* New York: Scribner, 2020.

亞洲藝術

Bush, Susan, and Hsio-yen Shih, eds. *Early Chinese Texts on Painting.* Cam- bridge, MA: Harvard-Yenching Institute, Harvard University Press, 1985.

Fong, Wen C. *Beyond Representation: Chinese Painting and Calligraphy 8th–14th Century.* New York: Metropolitan Museum of Art; New Haven: Yale University Press, 1992.

Foong, Ping. "Guo Xi's Intimate Landscapes and the Case of *Old Trees, Level Distance.*" *Metropolitan Museum Journal* 35 (2000): 87–115. https://doi.org/10.2307/1513027.

Hammer, Elizabeth. *Nature Within Walls: The Chinese Garden Court at the Metropolitan Museum of Art. A Resource for Educators.* New York: Metropolitan Museum of Art, 2003.

修道院

Barnet, Peter, and Nancy Wu. *The Cloisters: Medieval Art and Architecture.* New York: Metropolitan Museum of Art, 2005.

埃及藝術

Arnold, Dieter. *Temples of the Last Pharaohs.* New York: Oxford University Press, 1999.

Assmann, Jan. *The Mind of Egypt: History and Meaning in the Time of the Pharaohs.* Translated by Andrew Jenkins. New York: Metropolitan Books, 2002.

Roehrig, Catharine H. *Life Along the Nile: Three Egyptians of Ancient Thebes. Metropolitan Museum of Art Bulletin* 60 (Summer 2002).

Roehrig, Catharine H., with Renée Dreyfus and Cathleen A. Keller, eds. *Hatshepsut: From Queen to Pharaoh.* New York: Metropolitan Museum of Art; New Haven: Yale University Press, 2005. Published in conjunction with an exhibition held at the Fine Arts Museums of San Francisco / de Young, October 15, 2005–February 5, 2006; at the Metropolitan

Museum of Art, March 28–July 9, 2006; and at the Kimbell Art Museum, Fort Worth, August 27–December 31, 2006.

歐洲藝術

Ainsworth, Maryan W., and Keith Christiansen, eds. *From Van Eyck to Bruegel: Early Netherlandish Painting in the Metropolitan Museum of Art.* New York: Metropolitan Museum of Art, 1998. Published as a catalogue of key works in the collection of the Metropolitan Museum of Art, and serves to accompany the exhibition of those works held on September 22, 1998–January 3, 1999.

Bayer, Andrea. "North of the Apennines: Sixteenth-Century Italian Painting in Venice and the Veneto." *Metropolitan Museum of Art Bulletin* 63 (Summer 2005).

Christiansen, Keith. *Duccio and the Origins of Western Painting*. New York: Metropolitan Museum of Art; New Haven: Yale University Press, 2008.

Freedberg, Sydney Joseph. *Painting of the High Renaissance in Rome and Florence.* New York: Harper & Row, 1972.

Gogh, Vincent van. *Van Gogh: A Self-Portrait. Letters Revealing His Life as a Painter.* Selected by W. H. Auden. Greenwich, CT: New York Graphic Society, 1961.

Kanter, Laurence, and Pia Palladino. *Fra Angelico.* New York: Metro- politan Museum of Art; New Haven: Yale University Press, 2005. Published in conjunction with an exhibition held at the Metropolitan Museum of Art, October 26, 2005–January 29, 2006.

Kerssemakers, Anton. Letter to the editor, De Groene, April 14, 1912. In *Van Gogh's Letters: Unabridged and Annotated.* Edited by Robert Harrison. Translated by Johanna van Gogh-Bonger. Rockville, MD: Institute for Dynamic Educational Advancement. http:// www .webexhibits.org/vangogh/letter/15/etc-435c.htm.

Orenstein, Nadine M., ed. *Pieter Bruegel the Elder: Drawings and Prints.* New York: Metropolitan Museum of Art; New Haven: Yale University Press, 2001. Published in conjunction with an exhibition held at the Museum Boijmans Van Beuningen, Rotterdam, May 24– August 5, 2001, and at the Metropolitan Museum of Art, September 25–December 2, 2001.

Strehlke, Carl Brandon. *Italian Paintings 1250–1450 in the John G. John- son Collection and the Philadelphia Museum of Art.* Philadelphia: Philadelphia Museum of Art; University

Park, PA: Penn State University Press, 2004.

吉氏彎展覽

Beardsley, John, William Arnett, Paul Arnett, and Jane Livingston. *The Quilts of Gee's Bend.* Atlanta: Tinwood Books, 2002.

Finley, Cheryl, Randall R. Griffey, Amelia Peck, and Darryl Pinckney. *My Soul Has Grown Deep: Black Art from the American South.* New York: Metropolitan Museum of Art, 2018. Published in conjunction with *History Refused to Die: Highlights from the Souls Grown Deep Foundation Gift,* held at the Metropolitan Museum of Art, May 22–September 23, 2018.

Holley, Donald. "The Negro in the New Deal Resettlement Program." *Agricultural History* 45 (July 1971): 179–93.

希臘藝術

Bremmer, Jan. *The Early Greek Concept of the Soul.* Princeton, NJ: Princeton University Press, 1983.

Estrin, Seth. "Cold Comfort: Empathy and Memory in an Archaic Fu- nerary Monument from Akraiphia." *Classical Antiquity* 35 (October 2016): 189–214. https://doi.org/10.1525/ca.2016.35.2.189.

Griffin, Jasper. *Homer on Life and Death.* Oxford: Clarendon Press, 1980.

Homer. *The Iliad.* Translated by Robert Fagles. New York: Viking Penguin, 1990.

Homer. *The Odyssey.* Translated by Robert Fagles. New York: Viking Pen- guin, 1996.

Kirk, G. S., and J. E. Raven. *The Presocratic Philosophers: A Critical History with a Selection of Texts.* Cambridge: Cambridge University Press, 1957.

Otto, Walter F. *The Homeric Gods: The Spiritual Significance of Greek Religion.* Translated by Moses Hadas. New York: Pantheon, 1954.

Sourvinou-Inwood, Christiane. "*Reading*" *Greek Death: To the End of the Classical Period.* Oxford: Clarendon Press, 1995.

Vermeule, Emily. *Aspects of Death in Early Greek Art and Poetry.* Berkeley: University of California Press, 1979.

伊斯蘭藝術

Chittick, William C. *Ibn 'Arabi: Heir to the Prophets.* Oxford: Oneworld, 2005.

Chittick, William C. *Science of the Cosmos, Science of the Soul: The Pertinence of Islamic Cosmology in the Modern World.* Oxford: Oneworld, 2007.

Ekhtiar, Maryam D., Priscilla P. Soucek, Sheila R. Canby, and Navina Najat Haidar, eds., *Masterpieces from the Department of Islamic Art in The Metropolitan Museum of Art.* New York: Metropolitan Museum of Art, 2011. Published in conjunction with the reopening of the Galleries for the Art of the Arab Lands, Turkey, Iran, Central Asia, and Later South Asia on November 1, 2011.

Kennedy, Randy. "History's Hands." *New York Times,* March 17, 2011.

Muslu, Cihan Yüksel. *The Ottomans and the Mamluks: Imperial Diplomacy and Warfare in the Islamic World.* New York: I. B. Tauris, 2014.

Nicolle, David. *The Mamluks: 1250–1517.* London: Osprey, 1993.

Sutton, Daud. *Islamic Design: A Genius for Geometry.* New York: Bloomsbury, 2007.

大都會博物館的歷史

"Art Stolen in 1944 Mailed to Museum; 14th Century Painting on Wood Returned to Metropolitan with No Explanation. Panel Bro- ken in Transit. Package Carelessly Wrapped—Expert Believes Dam- age Can Be Repaired." *New York Times*, January 19, 1949, 29.

Barelli, John, with Zachary Schisgal. *Stealing the Show: A History of Art and Crime in Six Thefts.* Guilford, CT: Lyons Press, 2019.

Bayer, Andrea, and Laura D. Corey, eds. *Making the Met: 1870–2020*. New York: Metropolitan Museum of Art, 2020. Published in conjunction with an exhibition held at the Metropolitan Museum of Art, March 30–August 2, 2020.

"The Cesnola Discussion; More About the Patched-up Cypriote Statues." *New York Times,* April 10, 1882, 2.

Daniels, Lee A. “3 Held in Theft of Gold Ring from Met.” *New York Times*, February 16, 1980, 24.

“Five 17th Century Miniatures Are Stolen from Locked Case in Metropolitan Museum.” *New York Times*, July 26, 1927, 1.

Gage, Nicholas. “How the Metropolitan Acquired ‘The Finest Greek Vase There Is.’ ” *New York Times*, February 19, 1973, 1.

Gupte, Pranay. “$150,000 Art Theft is Reported by Met.” *New York Times*, February 11, 1979, 1.

Hoving, Thomas. *Making the Mummies Dance: Inside the Metropolitan Museum of Art.* New York: Simon & Schuster, 1993.

“Lost to the Art Museum; A Pair of Gold Bracelets Missing from the Collection.” *New York Times*, September 18, 1887, 16.

“Lost Goddess Neith Found in Pawnshop; Rare Idol of Ancient Egypt Stolen from Metropolitan Museum Pledged for 50 Cents.” *New York Times*, April 24, 1910, 7.

McFadden, Robert D. “Met Museum Becomes Lost and Found Dept. for 2 Degas Sculptures.” *New York Times*, February 10, 1980, 38.

"Metropolitan Art Thief Balked, but a Gang in France Succeeds." *New York Times*, April 23, 1966, 1.

"Metropolitan Museum Employee Is Held in Theft of Ancient Jewels." *New York Times*, January 25, 1981, 29.

"Museum Exhibits Come to Life Outdoors as Artful Guards Picket for Wage Rise." *New York Times*, July 3, 1953, 8.

"Museum Is Robbed of a Statuette of Pitt Between Rounds of Guards." *New York Times, February 5, 1953, 25.*

"On (Surprisingly Quiet) Parisian Night, a Picasso and a Matisse Go Out the Window." *New York Times,* May 20, 2010.

Phillips, McCandlish. "Hole Poked in $250,000 Monet at Metropoli- tan, Suspect Seized." *New York Times,* June 17, 1966, 47.

"Thief Takes a 14th Century Painting from Wall at Metropolitan Museum." *New York Times*, March 23, 1944, 14.

"$3,000 Prayer Rug Is Stolen in Museum but Guard Finds It Hidden Under Man's Coat." *New York Times,* December 16, 1946, 28.

Tomkins, Calvin. *Merchants and Masterpieces: The Story of the Metropolitan Museum of Art.* New York: Dutton, 1970.

米開朗基羅展覽

Bambach, Carmen C., ed. *Michelangelo: Divine Draftsman & Designer.* New York: Metropolitan Museum of Art, 2018. Published in con- junction with an exhibition held at the Metropolitan Museum of Art, November 13, 2017–February 2, 2018.

Buonarroti, Michelangelo. *Michelangelo's Notebooks: The Poetry, Letters, and Art of the Great Master.* Edited by Carolyn Vaughan. New York: Black Dog & Leventhal, 2016.

Gayford, Martin. *Michelangelo: His Epic Life.* London: Fig Tree, 2013.

King, Ross. *Michelangelo and the Pope's Ceiling.* New York: Walker, 2003.

現代與當代藝術

Sw!pe Magazine, Spring 2010.

Sw!pe Magazine, Spring 2011.

Sw!pe Magazine, Spring 2012.

Tinterow, Gary, and Susan Alyston Stein, eds. *Picasso in the Metropolitan Museum of Art.* New York: Metropolitan Museum of Art; New Haven: Yale University Press, 2010. Published in conjunction with an exhibition held at the Metropolitan Museum of Art, April 27–August 1, 2010.

樂器

Morris, Frances. *Catalogue of the Crosby Brown Collection of Musical Instruments* Vol. II, Oceania and America. New York: Metropolitan Museum of Art, 1914.

Winans, Robert B., ed. *Banjo Roots and Branches.* Champaign: University of Illinois Press, 2018.

攝影

Daniel, Malcolm. *Stieglitz, Steichen, Strand: Masterworks from the Metropolitan Museum of Art.* New York: Metropolitan Museum of Art, 2010. Published in conjunction with an exhibition held at the Metropolitan Museum of Art, November 10, 2010–April 10, 2011.

《未完成》展

Baum, Kelly, Andrea Bayer, and Sheena Wagstaff. *Unfinished: Thoughts Left Visible.* New York: Metropolitan Museum of Art, 2016. Published in conjunction with an exhibition held at the Met Breuer, March 18–September 4, 2016.

HD 080

博物館的守望者：美國大都會藝術博物館與我

All the Beauty in the World: The Metropolitan Museum of Art and Me

作者　派翠克．布林利
譯者　姚若潔
插畫　瑪雅．麥克馬洪（Maya McMahon）
主編　王育涵
行銷企畫　林欣梅
美術設計　許晉維
內頁排版　LittleWork 編輯設計室

總編輯　胡金倫
董事長　趙政岷
出版者　時報文化出版企業股份有限公司
108019 臺北市和平西路三段 240 號 7 樓
發行專線｜02-2306-6842
讀者服務專線｜0800-231-705｜02-2304-7103
讀者服務傳真｜02-2302-7844
郵撥｜1934-4724 時報文化出版公司
信箱｜10899 臺北華江郵政第 99 號信箱
時報悅讀網　www.readingtimes.com.tw
人文科學線臉書　https://www.facebook.com/humanities.science
法律顧問　理律法律事務所｜陳長文律師、李念祖律師
印刷　勁達印刷有限公司
初版一刷　2024 年 4 月 19 日
定價　新臺幣 460 元

時報文化出版公司成立於一九七五年，並於一九九九年股票上櫃公開發行，於二〇〇八年脫離中時集團非屬旺中，以「尊重智慧與創意的文化事業」為信念。

ISBN 978-626-396-098-5｜Printed in Taiwan

博物館的守望者：美國大都會藝術博物館與我 / 派翠克．布林利（Patrick Bringley）著；姚若潔譯 .
-- 初版 . -- 臺北市：時報文化出版企業股份有限公司 , 2024.04
面；14.8×21 公分 . --
譯自：All the beauty in the world : the Metropolitan Museum of Art and me
ISBN 978-626-396-098-5（平裝）
1. 布林利（Bringley, Patrick） 2. 大都會藝術博物館 3. 回憶錄 4. 博物館 5. 美國 | 785.28 | 113003978